Ausbildungshinweise und Verlagshinweise - online unter:

http://www.remoteviewing-online.de

http://verlag.remoteviewing-online.de

RVSH-Remote Viewing Service Hamburg & Verlag

Inhaber: Volker Hochmuth

Verlage, Buchhändler und Privatpersonen können Anfragen an mich richten

unter:

Mobil: 0173 6079852

Mail: volker@volkerhochmuth.de

Web: http://verlag.remoteviewing-online.de

Remote Viewing für Einsteiger

Grundlagen und theoretische Hintergründe Stufe 1-3

Einführungsbroschüre Band 1

Der Autor während einer Studien- und Expeditionsreise in Ägypten im Oktober 2004.
Während dieser Reise konnte der Autor einige seiner Theorien, die er mit Hilfe von RV
erarbeitet hatte, vor Ort überprüfen.

Umschlagentwurf:

Stefan Eggers & Volker Hochmuth

Fotos:

NASA, Stefan Eggers, Volker Hochmuth

Bibliografische Informationen der Deutschen Bibliothek:

Die Deutsche Bibliothek verzeichnet diese Publikation in der Deutschen Nationalbibliografie; detaillierte bibliografische Daten sind im Internet über http://dnb.ddb.de abrufbar.

ISBN 3-9810410-0-3

© RVSH-Remote Viewing Service Hamburg & Verlag, Hamburg, 2005
Druck: Bod, Norderstedt

http://verlag.remoteviewing-online.de
E-Mail: volker@volkerhochmuth.de

RVSH-Remote Viewing Service Hamburg & Verlag, Mai 2005
Inhaber: Volker Hochmuth
Web:
http://www.verlag.remoteviewing-online.de
http://www.remoteviewing-online.de

4

Foto: Volker Hochmuth im Oktober 2004. Während einer Studien- und Expeditionsreise nach Kairo und Luxor besuchte der Autor das Gizeh Plateau, die Pyramiden und die Mauer um das gesamte Gizeh Plateau. Informationen zur Mauer um das Giza Plateau erhalten Sie unter: www.pyramidenbau.info

Inhaltsverzeichnis

Vorwort

Mit dieser Broschüre, sollen sie in die Lage versetzt werden, sich schnell, kurz und präzise ein erstes eigenes Bild zur Thematik Remote Viewing[1] (technisches Hellsehen / Fernwahrnehmung) zurechtzulegen. Sie ist nicht als Lehrbuch gedacht, sondern stellt eine kurze Einführung in die sehr umfangreiche Theorie des Remote Viewing dar. Ich verwende den Begriff technisch deshalb, weil es Menschen gibt, die ihre natürlichen Fähigkeiten bewusst einsetzen können. Im Gegensatz dazu sind sich die meisten von ihnen dieser Fähigkeiten aber nicht bewusst und können diese in Folge dessen auch nicht gezielt anwenden. Es besteht die Möglichkeit, diese Methode des Hellsehens mit der Hilfe von seriellen, stereotypen und technisierten Abläufen zu erlernen. Es ist hierbei sehr hilfreich, die eigene Denktätigkeit gekoppelt mit intensiver Schreibarbeit und sprachlicher Abarbeitung der gewonnenen Informationen zum Target[2] zu entwickeln. Wir haben hier bereits zwei sehr wichtige Aspekte vor uns, auf die ich später noch einmal zurückkommen werde. Es geht hier im Wesentlichen um die Konstellation von natürlicher Begabung, sowie durch Training und Studium erworbene meditative, spirituelle und hellseherische Fähigkeiten, die auch jederzeit anwendbar sind. Ich beabsichtige nicht, ihnen Beweise für die Funktionstüchtigkeit dieser Technik des Hellsehens zu liefern, sondern biete ihnen einige wichtige Grundlagen und theoretische Ausgangspunkte, um sie bei Ihrer Meinungsbildung zu unterstützen.

---

[1] Remote Viewing, frei übersetzt, Fern-Sehen im Sinne von Fernwahrnehmung
[2] Target: Ziel, Zielort beim Remote Viewing. Siehe auch in der Nomenklatur

Im Besonderen geht es beim Remote Viewing darum, dass wir in die Lage versetzt werden mit Hilfe unserer Gedankenkraft nicht nur Informationen zu produzieren, sondern auch je nach Situation und Bedarf auf sie zugreifen zu können. Die Grundidee dabei beinhaltet das Vorhandensein einer universellen Informationsebene. Hierfür gibt es die verschiedensten Bezeichnungen, wie unter anderem: bioplasmisches Universum[3], morphogenetische Felder[4] und dergleichen mehr. Alle Begriffe bezeichnen ein energetisches Informationsgefüge in dem alles gespeichert wird, was von den Menschen gemeinsam mit allen anderen Individuen und biologischen Systemen an Information erdacht und produziert wird. Diese Informationen wiederum unterteilen sich in zwei verschiedene Bereiche. Zum einen in diejenigen, auf die wir mit alltäglichen Mitteln zugreifen können und zum anderen in die Kategorie von Informationen, die wir nur mit der Hilfe von sensitiven, meditativen Mitteln erreichen können. Beide Möglichkeiten sind aber dennoch real existierende Informationsbereiche.

Ich möchte dem interessierten Leser Material zur Verfügung stellen, mit dem es ihm möglich ist sich schnell und konkret eine eigene Meinung zu bilden. Diese erste Meinungsbildung wiederum wird den Leser dazu befähigen sich zu entscheiden, ob er sich selbst intensiver mit Remote Viewing auseinander setzen möchte oder auch nicht. Diese Broschüre ist als RV-Einführung in Form einer Zusammenfassung der wichtigsten

---

[3] Darunter verstehen wir ein energetisches, informationstragendes Netzwerk das die Existenzgrundlage des Universums bezeichnet, in dem wir leben.
[4] Rupert Sheldrake: Der Begriff der morphogenetischen Felder ist in der Biologie weithin anerkannt und stellt eine Art Energiegitternetz dar, das zahlreiche Informationsfelder enthält die wiederum formgebend wirken können.

Lerninhalte zum Thema Remote Viewing gedacht. Ich betrachte meine Broschüre als eine weitere Möglichkeit für den Leser und zukünftigen Remote Viewer, sich die nötigen Kenntnisse zum Thema „Remote Viewing für den Einsteiger", anzueignen.

Es erwarten sie in dieser Einführungsbroschüre Ausführungen zu den wichtigsten theoretischen Hintergründen, einfache praktische Beispiele, Gefahren, die auftreten können, wichtige verfahrenstechnische Informationen sowie einige Tools und Anwendungen[5] zur konkreten Datenproduktion während einer Session.[6] Sie erfahren auch, worauf sie bei der Erstellung eines Targets achten sollten. Die Erstellung eines Targets, des Ziels einer Session, ist einer der wichtigsten Vorgänge bei der Vorbereitung von Untersuchungsprojekten. Darüber hinaus stelle ich Ihnen die wichtigsten Informationen zur Personensuche[7] und das Scannen von Personen[8] bereit. In einigen Artikeln hatte ich bereits erwähnt, dass es möglich ist, mit Hilfe von bestimmten RV-Tools, auch Personen zu untersuchen ohne das die Betreffenden es bemerken können. Sie werden im Verlauf des Studiums der Inhalte dieser Broschüre feststellen, dass es weitaus komplizierter ist Remote Viewing auch effektiv, zielgerichtet und vor allem verantwortungsbewusst anzuwenden, als es ihnen im Allgemeinen vermittelt wird. Es sind sehr viele theoretische Einzelaspekte zu beachten, aber auch allgemeine grundlegende, nahezu existenzielle

---

[5] Tools/Anwendungen sind Werkzeuge/Methoden mit denen am Target gearbeitet wird und mit deren Hilfe definierte Ziele bearbeitet werden. Siehe auch in der Nomenklatur.
[6] Session bedeutet die Durchführung einer Sitzung zu einem Target
[7] Personensuche: siehe auch Nomenklatur unter RVSH-DPS.
[8] Personen scannen/untersuchen/analysieren: siehe auch Nomenklatur unter RVSH-DPA.

Vorgänge und Entwicklungen bei der Anwendung von Remote Viewing zu berücksichtigen. Ich denke hierbei insbesondere an die Folgen unserer eigenen Denktätigkeit und gemäß des Gesetzes der Resonanz, deren Auswirkungen auf unser Leben. Alles was gedacht und letztlich in die Tat umgesetzt wird, hat auch Einfluss, nicht nur auf unser eigenes Leben, sondern auch auf das Leben aller existierenden biologischen Systeme des Universums.

<u>Daraus folgt:</u>

Insbesondere bei der konzentrierten Denkarbeit während einer Remote Viewing Session werden zum Beispiel besonders intensiv Gedanken, Emotionen, sensorische Informationen, Daten zu tangiblen oder auch intangiblen[9] Dingen produziert und freigesetzt, finden also auf diesem Weg Eingang in das universelle Informationsgefüge des Universums. Mit dem Eingehen in dieses Informationsgefüge des Universums oder auch nach Rupert Sheldrake, den morphischen Feldern, ist der Weg geebnet, um entsprechend nach dem erwähnten Gesetz der Resonanz auf alles Existierende spezifisch zu wirken. Der Mensch benutzt in der Regel eine konvergente Art und Weise zu denken. Das heißt, es werden für erforderliche Problemlösungen vorhandene, im Ursprung bereits gedachte Lösungen benutzt, um die eigenen Aufgaben zu erfüllen. Kreative, eigene mehrfache Lösungswege zu suchen, ist in den meisten Fällen aus den verschiedensten Gründen nicht möglich. Es mag an der Zeit liegen in der wir leben, es mag auch wirtschaftliche und letztlich auch politische Gründen haben, warum wir diese Denkart

---

[9] Tangible - greifbar, fassbar; Intangible - nicht greifbar, unbestimmbar. Siehe auch Nomenklatur.

verlernt haben, aber das wir unser Bewusstsein im positiven Sinn weiterentwickeln müssen, liegt bereits sehr deutlich auf der Hand. Sehen sie sich um und sie werden bemerken das Veränderungen nahezu, kurz bevor stehen. Es kommt also darauf an, eine divergente Denkart zu entwickeln, um gegenwärtige und künftige Aufgaben in unserem Leben auch zeitgemäß lösen zu können und für ein Problem mehrere Lösungsmöglichkeiten zur Verfügung zu haben.

Dadurch wird es uns erheblich leichter fallen die neue, kommende Bewusstseinsentwicklung auch leben zu können um auf diese Weise das Umfeld in dem wir alle leben, positiv zu gestalten.

Wir befinden uns alle innerhalb eines bioplasmischen Universums, eines Energiekonstruktes, angefüllt mit unendlich vielen Informationsschichten, die wir durch unser tägliches Tun und Handeln prägen und werden in Wechselwirkung von ihm selbst geprägt. Aus diesem Grund bitte ich sie, sich genau zu überlegen was sie tun, was sie sich wünschen, was sie über den Nachbarn denken und wie sie ihr Leben einrichten. Es kommt irgendwann auf sie zurück!

Bleiben Sie mir gewogen. Ich wünsche Ihnen alles Gute!
Volker Hochmuth im März 2005

Theoretische Grundlagen und Denkstrukturen

Betrachten wir uns den Ursprung dieser Methode der Informationsgewinnung, so müssen wir feststellen, dass Remote Viewing genau genommen schon weitaus älter ist. Die praktische Anwendung wurde sicherlich in abgewandelter Form oder besser in Teilen unterschiedlich vorgenommen, unterscheidet sich aber letztlich nur durch eine andere Handhabung der machbaren Methoden. Wir haben hier Mittel zur Gewinnung von Informationen vor uns, die normalerweise in dieser Art und Weise von den meisten Menschen in der Vergangenheit nicht angewendet wurden und auch in der Gegenwart so nicht allgemeingebräuchlich angewendet werden. Obwohl diese Mittel und Methoden für alle verfügbar sind, können es dennoch nur sehr wenige umfassend anwenden. Um diesen Umstand sukzessiv zu ändern, konzentriere ich meine Arbeit verstärkt darauf, ihnen zu zeigen, wie es geht und was sie dafür wissen sollten. Wenden wir uns in einigen wenigen Zeilen der Frage zu: Welchen Ursprung hat Remote Viewing? Hierfür gehen wir zunächst ein paar Jahre in die Vergangenheit zurück und beginnen im Jahr 1971. Im folgenden Abschnitt finden sie die wichtigsten Daten und Fakten.

Fakten / Chronologie

- 1971 Beginn erster Untersuchungen auf dem Gebiet der PSI-Forschung in den USA. Beteiligt war hierbei: Ingo Swann (insgesamt 19 Jahre)
- Im Jahr 1971 wurde mit Ingo Swann in den Reihen der beteiligten Personen zur Erforschung von PSI-Phänomenen in

den USA ein Projekt gestartet, dass sich nicht nur mit der Untersuchung solcher menschlichen Fähigkeiten beschäftigte, sondern in deren Folge auch mit der Entwicklung und praktischen Anwendung für militärische Zwecke spekuliert wurde. Ingo Swann schrieb in seinem Buch „Geheimsache Mond – von Ausserirdischen beobachtet" das er sich nicht freiwillig als Testperson zur Verfügung gestellt hätte, wenn er damals wirtschaftlich und auch privat besser gestellt gewesen wäre. Aus den ursprünglich geplanten drei Monaten wurden 19 Jahre intensiver Arbeit auf diesem Gebiet. Nicht zuletzt war auch ein entscheidender Grund für den Beginn solcher Testreihen, dass vermutet wurde, die damalige UDSSR könnte in der Entwicklung solcher PSI-Fähigkeiten oder auch psychische Kriegsführung, einen entscheidenden Schritt weiter gekommen sein. Die damalige UDSSR hatte in zahlreichen Testreihen ebenfalls versucht derartige natürliche Fähigkeiten der Menschen gezielt zu erforschen, um sie entsprechend einsetzen zu können. Infolge dessen wurde es von den amerikanischen Geheimdiensten als notwendig eingestuft, dass auf diesem sehr speziellen Gebiet der menschlichen parapsychologischen Fähigkeiten, eine genaue Erforschung des vorhandenen Phänomens unumgänglich war.

- 1972 Start des Forschungsprojektes am Stanford Research Institut (SRI) in Menlo Park, Kalifornien. Leiter der Einrichtung: Dr. H. E. Puthoff. Danach begann die Beteiligung von Ingo Swann, Pat Price und Russel Tark an diesem Projekt.

- Die Geheimdienste CIA und NSA begannen sich zunehmend für das Projekt zu interessieren. Im Weiteren wurde eine militärische Remote Viewing Einheit in Ford Mead gebildet die eine genaue Untersuchung und Weiterentwicklung der vorhandenen PSI-Fähigkeiten (Präkognition, Hellsehen) zur Aufgabe hatte.

- Es folgten endlose Testreihen und Versuche mit der Informationsgewinnung durch die natürlichen Begabungen wie Präkognition und Hellsehen. Diese Art der Forschung hatte fatale Folgen. Die bei den Forschungen entstehende Gleichförmigkeit durch diese stupiden Testreihen, ließen die Forschungsergebnisse zunächst auf einen totalen Tiefpunkt absinken. Das wiederum hätte unter Umständen eine totale Vernichtung dieser Fähigkeiten zur Folge gehabt. (ca. Ende 1973)

- In den kommenden Forschungsabschnitten wurden auf Vorschlag von Ingo Swann interessantere Targets (Zielobjekte) erstellt. Hierbei soll die Erforschung des Planeten Jupiter zur Erwähnung kommen. Die damals erlangten Informationen zum Target „Jupiter" konnten während der Expeditionen von Pioneer 10 und 11 bestätigt werden. Zeitraum: 1973-1979.

- In den Folgejahren wurden aufgrund der gewonnenen Erkenntnisse, Remote Viewer ausgebildet und auch eingesetzt. Diese ausgebildeten Remote Viewer, wie z. B. J. Mc. Moneagle, arbeiteten an verschiedenen Projekten der Princeton University und dem Cognitive Science Lab erfolgreich mit.

- Joseph Mc. Moneagle und andere Remote Viewer machten sich ab 1990 auf wirtschaftlicher Basis mit Ihren RV-Fähigkeiten selbständig. Wie das zu der damaligen Zeit

14

möglich war, entzieht sich noch heute unserer Kenntnis. Sie gründeten als gemeinsamen Zusammenschluss: „PSI-TECH". Diese Institution zerfiel später wegen verschiedener Auffassungen und Finanzproblemen. Edward Dames führte diese Institution weiter, während die anderen Remote Viewer mit eigenen veränderten technischen Abläufen ihre Arbeit auf selbstständiger Basis weiterführten. (Zeitraum: ca. 1990-1995)

- Ab 1995 wurde das Projekt wegen Ineffizienz offiziell eingestellt. Die zuständigen Behörden begründeten Ihre Auffassung mit dem Ergebnis einer in Auftrag gegebenen Studie und auch aufgrund einiger Unstimmigkeiten untereinander. Nach der Auffassung dort ausgebildeter Remote Viewer, wurde das Projekt inoffiziell weitergeführt und weiterentwickelt.

- Durch die Festlegungen des „FOIA" (Freedom of Information Act, 1995) gelangte die „Bewusstseinstechnologie Remote Viewing" an die Öffentlichkeit und wurde so für alle Menschen verfügbar gemacht.

- Die bekanntesten, entwickelten, Remote Viewing - Variationen sind TRV (Technical Remote Viewing), CRV (Coordinate Remote Viewing) und SRV (Scientific Remote Viewing). Beispielgebend hierfür ist das Farsight Institut und dem Gründer dieses Institutes Courtney Brown (ausgebildet von Edward Dames).

- Remote Viewing kam ab 1996 durch Edward Dames nach Deutschland. Seit 1997 wird auch in Deutschland ausgebildet.

Was müssen sie wissen bevor sie beginnen können

Irgendwann einmal werden sie sich die Frage stellen was sie wissen müssen, um eine solche Remote Viewing Session in der Praxis durchführen zu können. Hierfür sind im Vorab einige grundlegende Informationen zu möglichen Wirkungsmechanismen während der Arbeit mit Remote Viewing nötig. Ich komme nicht umhin ihnen zu sagen, dass es zunächst durchaus zu einigen Auswirkungen auf ihre eigenen, natürlich vorhandenen Fähigkeiten kommen kann. Der Wirkungsgrad dieser Effekte ist abhängig von der Intensität ihrer Arbeit mit RV, vom eigenen Bildungsgrad, von der schon vorhandenen Intensität der natürlichen Fähigkeiten zum Beispiel auf den Gebieten medialer, sensitiver und spiritueller Wahrnehmungen oder aber sie verfügen schon bewusst über psychometrische Fähigkeiten. Verfügen sie bereits bewusst über derartige Wahrnehmungsfähigkeiten und können sie diese auch anwenden, so wird sich ihre vorhandene Fähigkeit mit steigendem Training weiter verstärken. Ergo: In Abhängigkeit ihrer eigenen Willensstärke und Zielsetzung entwickeln sich diese vorhandenen Fähigkeiten sukzessiv und können gezielt angewendet werden. Wir müssen hierbei unterscheiden, dass schon sehr viele Menschen bei sich selbst Fähigkeiten dieser Art festgestellt haben. Sie bemerken an sich selbst, dass sie verschiedentlich Informationen zu persönlichen und oder gesellschaftlichen Abläufen schon vor dem Eintreten von Ereignissen auf diesen Gebieten, zur Verfügung haben. Oft stellen sie fest, dass ein Ereignis eintritt, das sie irgendwann mal gedacht haben. Es steht ihnen ein Bekannter gegenüber, der Sorgen zu haben scheint. Sie sagen bei einem Treffen spontan zu ihm: Du hast Sorgen! Möchtest Du darüber reden? Oder sie sagen zu ihrem

16

Bekannten: Ich habe das Gefühl es passiert etwas Schreckliches. Dann stellen sie fest es gab in der Verwandtschaft einen Autounfall. Es sind aber auch sehr oft erfreuliche Dinge, die sie schon vorher wissen. Das Vorhandensein solcher Informationen, oder besser, das Bemerken, ist auch abhängig von ihrer eigenen Interessenlage und wie sie selbst auf Informationen verschiedener Art reagieren. Unerfreuliche oder schreckliche Dinge hinterlassen oft eine stärkere energetische Spur im Universum als erfreuliche, weil sie von der Intensität her die Sinne der Menschen stärker ansprechen. Trauer, Wut, Boshaftigkeit starke Sorgen und Ängste vor allem, produzieren beim Menschen so starke emotionale Reaktionen, die wiederum intensive, persönlich spezifische energetische Informationen erzeugen, die ihre Spur im Universum hinterlassen und auf jeden Fall bemerkt werden. Haben sie bei sich bislang keine von den genannten Fähigkeiten vorher oder im Verlauf der Arbeit mit Remote Viewing bemerken können, so werden sich bei ihnen bestimmte Fähigkeiten schrittweise entwickeln. Die Art dieser Fähigkeiten und der verfügbare Wirkungsgrad entwickeln sich eventuell schon während der Ausbildung. Andererseits besteht die Möglichkeit, dass sich derartige Dinge bei ihnen in der Zeit nach der Ausbildung entwickeln und erst schrittweise sichtbar werden. Bei mir selbst haben sich in den vergangenen 3 Jahren vielschichtige Fähigkeiten entwickelt. Das erstreckt sich über das Auffangen von starken persönlichen Emotionen bis hin zum Feststellen von vorhandenen persönlichen Problemen der Menschen. Ich selbst habe bemerkt, dass mich die Sorgen der Menschen, ihre Ängste, die verletzten Seelen und auch Lügen besonders in ihren Bann ziehen. Der Trainierende selbst macht schon während der Remote Viewing Ausbildung eine sehr persönliche Entwicklung durch, die jeden nach seiner eigenen Art prägt. Das kann verständlicherweise auch eine Veränderung des eigenen Weltbildes zur Folge haben. Durch diese veränderte tiefere Einsichtnahme in die tatsächlichen Wirkungsmechanismen des Universums, durch die neu gewonnenen Fähigkeiten, erhalten sie die Möglichkeit ihr Leben zu überdenken und wenn sie tapfer genug sind, auch zu ändern. Haben sie diese Entwicklungsstufe erreicht, so stehen sie an der Schwelle zu völlig neuen Erkenntnissen, die ihre Persönlichkeit auf jeden Fall beeinflussend verändern. Besonders aber sehe ich mich veranlasst sie darauf aufmerksam zu machen, das die Entwicklung der bereits erwähnten psychometrischen Fähigkeiten in ihrer Vielfalt, zu erheblichen psychischen Problemen führen können. Sie werden feststellen, dass ihnen Informationen zugänglich gemacht werden, die einem trainierenden Menschen, der darauf nicht vorbereitet wurde, ins Abseits der Gesellschaft katapultieren können. Warum? Weil es vorkommt, dass sie Kenntnisse von Personen erhalten, mit denen sie sich unterhalten, die sie berühren, von denen sie etwas gefragt werden. Bei ausreichend ausgeprägtem Entwicklungsstand sehen sie vor ihrem geistigen Auge Dinge, die sich auf die betreffende Person beziehen. Es kann sich hierbei um persönliche Probleme handeln, den Tod derselben oder eines Familienangehörigen, freudige Dinge aus dem Leben der Person oder ganz normale Alltagssorgen- und Freuden. In solchen Momenten wird es dem Viewer schwer fallen mit dieser neuen Fähigkeit umzugehen. Sie werden diese Fähigkeiten benutzen wollen, oder sie werden den Wunsch verspüren sich Freunden mitzuteilen. In all diesen Fällen können sie nicht sicher sein, ob ihnen auch das nötige Verständnis entgegengebracht wird. Vereinbaren sie mit ihrem Trainer, während einer bestimmten Zeit Gespräche in größeren Abständen oder im günstigsten Fall, regelmäßige Unterhaltungen zu ihrem persönlichern Entwicklungsstand. Wer hier an dieser Stelle denkt, er wäre resistent gegen derartige Wirkungen, der irrt sich gewaltig und wird durch die Realität dieser Wirkungsmechnismen quasi überrannt. Sehen Sie diesen Tatsachen aber realistisch und geradewegs ins Auge, so haben sie alle Chancen dieser Welt solche persönlichkeitsverändernden Erkenntnisse positiv für sich selbst zu nutzen. Es ist nicht so, dass die „Erkenntnis" immer nur negative Folgen für ihr Leben hat, sondern es ist durchaus möglich, dass sie, wie ich es bereits beschrieben habe, diese tieferen Erkenntnisse für sich und die eigene Familie positiv nutzen können, um ihrem Leben so einen tieferen Sinn zu verleihen. Es wird in jedem Fall an ihnen selbst liegen! Überlegen Sie bitte vorher was sie tun, bevor sie sich mit Remote Viewing beschäftigen!

Die wichtigsten Remote Viewing Begriffe / Nomenklatur

Wenden wir uns nun nach einigen wichtigen einführenden Worten der praktischen Seite zu. Eigentlich ist es unüblich eine Nomenklatur an diese Stelle der Broschüre zu setzen. Aber wer nicht gewillt ist auch einmal unübliche Wege zu gehen, der weiß auch nicht, ob dieser Weg dennoch gut für einen selbst war. Um den folgerichtigen Ablauf des Vorganges zu wahren setze ich deshalb die Nomenklatur in ausführlicher Form an diese Stelle der Broschüre.

AI:
Ästhetische Impression. Hiermit bezeichnen wir den momentanen Eindruck des Viewers während einer Session. An das Blattende, unten

Mitte, notiert der Viewer seinen Eindruck vom bisherigen Verlauf der Session. Zum Beispiel welchen Eindruck das Target auf ihn macht und wie er es empfindet. Ist es interessant, langweilig, anstrengend und der gleichen mehr. Diese Eindrücke werden dadurch bewusst gemacht und können dann als abgearbeitet abgelegt werden. Der allseits bekannte Verdrängungsmechanismus ist wie im täglichen Leben auch hier ein denkbar ungünstiges Werkzeug um Probleme abzuarbeiten.

(Siehe auch in der Erklärung zum Protokollablauf: Theorie und Praxis - Das Remote Viewing Protokoll Stufe 1-3)

A4 / B3

Bezeichnung eines Abschnittes innerhalb eines Ideogrammes nach Buchstaben und der Anzahl der einzelnen Abschnitte in dem vorliegenden Ideogramm einer Session.

AOL: Englisch / AUL: Deutsch

Analytical **O**verlay / **A**nalytische **Ü**berlagerung

Aus dem Englischen: bildhafte Assoziationen oder Erscheinungen. Hiermit sind bildhafte Überlagerungen während der Sessions gemeint, die dem Viewer in der momentanen Situation, während der Session, ein falsches Bild vom Zielobjekt vermitteln. Während sich der Viewer am Target befindet, erhält er targetspezifische Informationen. Diese Informationen werden durch das Wachbewusstsein sehr oft mit dem schon vorhandenen Datenmaterial im Gehirn verglichen und als real eingestuft. Dieser Denkprozess vollzieht sich in Sekundenschnelle. Deshalb sollte durch ein intensives Training daran gearbeitet werden, derartige Momente aufzufangen um durch das bewusste Ablegen solcher bildhaften Assoziationen eine Verfälschung des Target-Bildes zu vermeiden.

Attribute:

Als Attribute bezeichnen wir die Eigenschaften und oder Merkmale eines Vorganges oder einer Sache. Wir stellen hier fest wie etwas aussieht und welche Eigenschaften sich aus den Informationen zu der jeweiligen spezifischen Feststellung ergeben. Wir beziehen uns hierbei u. a. auf feste Objekte, Personen und Vorgänge am Target usw. Die Remote Viewer benutzten diesen Abfragemodus um die Eigenschaften oder Merkmale von derartigen Targetinformationen zu spezifizieren und darauf begründete Reaktionen des Viewers zu ergründen, um sie letztlich dem vorhandenen Datenpaket hinzuzufügen.

D:

Dimensionen. Mit Dimensionen werden Eindrücke beschrieben, die sich direkt auf Dimensionsangaben beziehen. Am Target entstehen in den meisten Fällen auch Informationen, die sich auf dimensionale, räumliche Gegebenheiten, Formen und Beschaffenheit von etwas beziehen. In den Stufen 4, 5, 6 zum Beispiel, erlangen dimensionale Angaben eine besondere Bedeutung. Sie werden in diesem Stadium der Session sehr viel komplexer, genauer und beschreiben oft sehr detailliert die Beschaffenheit von Gegenständen, Einrichtungen, natürlichen Komponenten, Gebäuden usw.

<u>EI:</u>

Emotionaler Eindruck. Hiermit werden vorwiegend emotionale Eindrücke am Target beschrieben. Wurden dort Lebewesen / Menschen festgestellt, so werden die dortigen emotionalen Zustände vom Viewer erfasst und unter EI beschrieben. Diese Art der Abfrage zeigt sehr die Denkweise, Stimmungen und auch die seelische Verfassung der am Zielort befindlichen Menschen oder Wesen.

<u>Ideogramm:</u>

Mit Ideogramm bezeichnet man bei einer Remote Viewing Session die Signallinie, die nach dem ersten Kontakt mit den Zielkoordinaten entsteht. Sie stellt die Verbindung zur sogenannten Matrix her, dem allumfassenden Informationsfeld des Universums.

<u>Inhalte:</u>

Unter dem Begriff Inhalte verstehen wir Remote Viewer im Besonderen den Ablauf von Gesprächsinhalten, zum Beispiel von einer Personengruppe. Oder auch den Inhalt von Ideen, Entwicklungsabläufen, thematischen Diskussionen und Vorgängen, die mit den Ideen und Gesprächen zu tun haben. Das interessante und vornehmlich auch das Ziel dabei ist, dass es hier gelingen kann neue, targetbezogene Informationen zu produzieren, die wiederum mit den vorhandenen und neuen Aspekten zum Target verknüpft werden können. Wir zerlegen die Einzelinformationen, um sie später im Komplex mit den schon vorhandenen Informationen zu einem Bild zusammenzufügen.

Intangibles: nicht greifbares, unbestimmbares:

Intangible Daten sind Aspekte/Daten/Informationen, die auf den Viewer abstrakt wirken, nicht fassbar sind und meistens vom Charakter her nicht körperliche Eigenschaften aufweisen. Intangible Daten beinhalten zum Beispiel den qualitativen Zweck einer Information. Es werden hier unter anderem Formulierungen benutzt wie: medizinisch, staatlich, geschäftlich.

Monitor:

Ein Monitor ist die Person, die den Remote Viewer durch die Session begleitet und die Untersuchungen während der Session überwacht. Der Monitor gibt dem Remote Viewer Hinweise und kann, wenn es erforderlich ist, die Session beenden, in dem er den Viewer vom Target wegführt und so seinen Ausstieg aus der Session gewährleistet. Der Monitor bleibt bei der Arbeitet neutral und verhindert dadurch eine Assoziation zu eventuell targetspezifischen Informationen.

Objekte:

Als Objekte bezeichnen wir Dinge im Zielgebiet, die physisch vorhanden sind und als solche berührt oder als definitiv sichtbares Objekt angesehen werden können. Zum Beispiel inhaltlich physikalische Eindrücke wie Geräte, feste Objekte, Einrichtungen. Es ist hierbei zu beachten, dass Informationen zu den vermeintlichen Objekten, in der Stufe 5 zum Beispiel, genauer, spezifischer untersucht werden können. Hierbei wird auf bereits während der Session generierte Daten zurückgegriffen. Das Ergebnis sind dann in den meisten Fällen sehr konkrete Daten zu den Targetvorgängen. Es kann durch einen zielgerichteten, aber neutralen Abfragemodus die

Verknüpfung von Datenpaketen aus den verschiedenen Remote Viewing Stufen erreicht werden.

PI:

Bezeichnung für persönliche Impressionen/Einstellungen des Remote Viewers. Hiermit werden unter anderem die momentanen Eindrücke, die Stimmung, der seelische Zustand, die physische und psychische Verfassung, sowie andere momentane Stimmungen zum Ausdruck gebracht.

PSI:

Sammelbezeichnung für alle paranormalen Phänomene.

P1:

Mit dem Begriff P1 bezeichnen wir eine vorhandene Person am Zielort. Bei mehreren Personen am Zielort wählen wir für P weitere fortlaufende Nummern.

Remote Viewing Session:

Der Begriff bezeichnet die Durchführung einer Sitzung zu einem vorher festgelegten Thema, das Target genannt wird.

Remote Influencing:

Fernbeeinflussung im Sinne von Einflussnahme aus der Ferne auf Vorgänge / Entwicklungen im öffentlichen und auch privaten Bereich. Unter den Remote Viewern ist der Begriff Remote Influencing auch als Manipulation von Personen aus der Ferne bekannt.

Remote Viewing Stufen:

Als RV-Stufen bezeichnen wir die einzelnen Schritte zur Bearbeitung des Targets. Es gibt insgesamt 6 Stufen die in den Lehrplan einer Ausbildung integriert sind. Die RV-Tools werden in den einzelnen Stufen zur Anwendung gebracht.

Remote Viewing Tools: Werkzeug

Der Begriff wird für die zur Verfügung stehenden Einsatzmöglichkeiten innerhalb des RV-Protokolls eingesetzt. Mit der Hilfe von Tools wird eine gezielte Informationsbereitstellung innerhalb einer Session vorgenommen.

(Siehe auch Tools von RVSH)

Remote Viewing Protokolle:

TRV: Technical Remote Viewing; CRV: Coordinate Remote Viewing, SRV: Scientific Remote Viewing; ERV: Extended Remote Viewing, ARV: Associative Remote Viewing.

Tangibles: Greifbares

Tangible, greifbare Dinge am Target sind zum Beispiel Möbel, feste Objekte, Gebäude und Dinge, die auf den Viewer einen körperlichen manifesten Eindruck erzeugen. So können zum Beispiel auch Flüssigkeiten, Gerüche, Farben, Geräusche, Temperaturen, Pflanzen und Tiere als tangible Eindrücke abgelegt werden.

Target:

Mit Target bezeichnen wir das zu untersuchende Thema, also das Zielobjekt einer Remote Viewing Session.

Themen:

Unter dem Begriff Themen verstehen die Remote Viewer Daten zum Target, die im Allgemeinen wichtig für das Target sein können und die weiterhin untersucht werden sollten. Solche Informationen können sensorischer Art sein. Es können Daten sein, die sich auf immaterielle und oder auch abstrakte Ideen beziehen. Sie können den Zweck, die Bedeutung, die Art und Weise eines Vorganges am Target beschreiben und auch Formen, sowie dimensionale Eindrücke enthalten.

Trainingstarget:

Trainingstargets sind vorher definierte Remote Viewing-Ziele, die weitgehend bekannt sind, entweder in Form einer Abbildung (Postkarte) oder einer genauen Beschreibung durch jemanden, der sich im Zielgebiet aufgehalten hat (Outbound RV). Wichtig ist, dass dem Viewer eine detaillierte Rückmeldung über die Richtigkeit seiner Eindrücke gegeben werden kann.

Im Gegensatz dazu stehen operationale Targets. Das sind Zielgebiete von denen man sehr wenig weiß und deren Beschaffenheit und Umgebung wir erst herausgeben möchten (z.B. der weitere Lebensweg im nächsten Jahr).

RVSH Tools

RVSH-ATS1/3:

Remote Viewing Service Hamburg - Alternatives-Tool-Stufe 1-3. Alternativ Tool S 1/3, basierend auf ERV (Extendet Remote Viewing; ausgedehntes, erweitertes Remote Viewing). Die Grundlage für deren Anwendung sind Kenntnisse zur Methode CRV und RVSH spezifische

26

Informationen. Es ist alternativ zur Stufe 1-3 einsetzbar oder parallel dazu unter Berücksichtigung des Faktors Zeit einer Session.

RVSH-DOA:

Remote Viewing Service Hamburg - Differenzierte Objekt-Analyse. Dient zur Analyse und targetspezifischen Untersuchung von Objekten.

RVSH-DPS:

Remote Viewing Service Hamburg - Differenzierte Personen-Suche. Wird zur Suche von Personen eingesetzt, die innerhalb des Zielgebietes auftauchen und spezifisch wichtige Informationen vermuten lassen. Im Fall einer gezielten Personensuche stellt das Tool RVSH-DPS das Target selbst dar.

RVSH-DPA:

Remote Viewing Service Hamburg - Differenzierte Personen-Analyse. Die Analyse wird eingesetzt wenn die Zielperson am Target gefunden wurde. Mit Hilfe der Personenanalyse werden alle notwendigen Informationen zur Zielperson erarbeitet. Derartige Informationen erstrecken sich über alle Bereiche einer Person.

RVSH-PSM:

Remote Viewing Service Hamburg - Persönliche Schutz – Mechanismen. Währen der Session können Gefahrensituationen auftauchen, vor denen sich der Remote Viewer schützen muss. Dieses Tool bietet einige funktionstüchtige Sicherheitsmechanismen die sich in der Hauptsache auf den Schutz der körpereigenen, energetischen Seite sowie der eigenen Psyche erstrecken.

Die sinnvolle Targeterstellung in Verbindung mit den Koordinaten

Mit diesem Kapitel hat der Leser eine Kurzeinführung zum Thema: „Bedeutung und Funktion der Targeterstellung in Verbindung mit den Koordinaten" zur Verfügung. Alle hier dargelegten Angaben sind immer im Konsens mit den übrigen Ausführungen zum Thema Remote Viewing zu werten und stellen eine Art Kurzanleitung dar.

Die gewünschten Targets sollten schon einige Zeit vor dem Beginn des Trainings erstellt werden. Ganz einfach um durch die vergangene Zeit bis zum Beginn des Trainings den genauen Inhalt des einzelnen Umschlages praktisch zu vergessen. Derjenige selbst weiß dann nicht mehr was sich in den einzelnen Umschlägen befindet. Zumindest ist es dann nicht mehr direkt bewusst und kann während der Session auch nicht bewusst beeinflusst werden. Wie an anderer Stelle bereits erwähnt, ist es wesentlich günstiger eine ihnen vertraute Person mit der Erstellung eines Targetpools zu beauftragen.

Die Information des Zieles ist meiner Meinung nach und das sei hier der Ordnung halber auch klar gesagt, im körpereigenen Biospeicher, dem Gehirn vorhanden, durch die vergangene Zeit nicht mehr direkt und bewusst für den Viewer abrufbar. Diese Information, weil sie offensichtlich nicht mehr benötigt wird, ist sozusagen in den Speicher für länger nicht abgerufene Daten abgelegt. Zumal es dann nicht mehr zwei oder drei Umschläge sind, sondern einige mehr.

Ich habe mehrere Ordner in denen Targets abgelegt sind. Vertraute Personen sortieren diese Targets der Vorsicht halber ohne mein Wissen regelmäßig um, so dass ich nicht mehr nachvollziehen kann, welches Target sich in welchem Umschlag befindet und vor allem welche Zahlenfolge ich dem entsprechenden Target zugeordnet hatte.

Das Zielobjekt (Target) sollte auf jeden Fall bei seiner Erstellung mit der Zahlenfolge, den Koordinaten, versehen werden. Diese Zahlenfolge ist eigentlich auch nur eine Registraturmaßnahme. Die eigentlich wichtige Verknüpfung mit dem Zielobjekt erfolgt bei deren Erstellung. Das heißt, der Moment in dem das Zielobjekt festlegt wird, ist der wichtige Zeitpunkt der eigentlichen Verknüpfung. Eine wesentliche Vorraussetzung für das Gelingen der Session zum Zielobjekt ist also die gedankliche, geistige Herstellung einer Verbindung mit dem Ziel (Target). Wenn der Viewer der diese Erstellung vornimmt beispielsweise mit den Gedanken nicht bei der Sache ist, sondern an etwas anderes denkt, so kann das bedeuten, dass eine sogenannte "doppelte Verknüpfung" hergestellt wird. Das führt dann dazu, dass der Viewer bei seiner Session gleich zwei Ziele beschreibt. Der Viewer stellt die Daten also für den Auswerter verwirrend durcheinander dar. Dieser Umstand würde bei einem Projekt zusätzliche Arbeit bedeuten. Es ist auch sehr hilfreich wenn der Solo-Viewer[10] vor der eigentlichen Session seine Erwartungshaltung abbaut, indem er ein solches Tool im vorab zum Einsatz bringt.

Das Bild als Target:

Es wäre natürlich sehr viel besser wenn auf dem Bild nichts anders geschrieben steht als die Zielformulierung. Ich selbst habe meine

---

[10] Mit dem Begriff Solo-Viewer bezeichnen wir einen Remote Viewer, der allein, ohne Monitor, am Target arbeitet.

Trainingstargets nach dieser Festlegung erstellt. Es ist also nach meiner Meinung von Vorteil, wenn dort nur die Zielformulierung steht. Beispielsweise: "Ein Hund mit Welpen zum Zeitpunkt der Aufnahme des Bildes" Und als Zusatz eventuell noch: "Alle targetrelevanten Zieldaten werden dem Remote Viewer zum Sessionzeitpunkt gefahrlos übermittelt." Alles andere wären störende Einflüsse, die sich auf die Session direkt auswirken können.

Zeitliche und örtliche Bestimmung:

Zusätzlich sollte bei der Erstellung des Targets die zeitliche und auch örtliche Eingrenzung des Targets beachtet werden. Der Zusatz: "zum Zeitpunkt der Aufnahme" oder: "zum Zeitpunkt der Erstellung dieser Aussage" (betrifft dann den Auszug aus einer anderen Session der geviewt werden soll), grenzt es zeitlich ein. Wenn man das Target als Frage erstellt gelten im Prinzip dieselben Regeln. Eine genaue Definition des Zielobjektes ist sehr wichtig.

In der Regel wird nach einer Session dem Viewer ein Feedback zum Target in Form einer ausführlichen Auswertung gegeben.

Targeterstellung - Schritt für Schritt - für den Einsteiger

Nehmen wir an, sie möchten nach einigen Lesestunden in verschiedenen Remote Viewing Büchern nun die Praxis ausprobieren. Womit fangen wir an? Zunächst müssen Trainingstargets her. Nur, wie erstelle ich diese Targets? Sie besorgen sich einige Bilder, die Anzahl ist zunächst unwichtig. Zum Beispiel ein Bild mit einem Baum, mit einem Hund und seinen Welpen, einige Bilder mit schönen Gebäuden und so weiter. Was Ihnen als Motiv zusagt, ist auch für das erste Training in Ordnung. Nehmen Sie ein Bild (den Baum, der in einer Landschaft steht) und formulieren die Zielstellung z. B. folgendermaßen: „Baum mit Landschaft zum Zeitpunkt der Aufnahme. Die targetrelevanten Zielinformationen werden dem Remote Viewer zum Zeitpunkt der Session gefahrlos übermittelt."

Während Sie die Zielformulierung erstellen, diese auf die Rückseite des Bildes schreiben und in Folge dessen auch gedanklich bei der Sache sind, erfolgt die Verknüpfung mit dem gewünschten Ziel. Dieser Moment ist das eigentlich wichtige bei der Vorbereitung eines RV-Trainings. Die Erstellung der Koordinaten erfolgt direkt im Anschluss an die Erstellung der Formulierung und wird unter die Formulierung geschrieben. Die Kraft Ihrer Gedanken reicht vollkommen aus, um eine imaginäre, aber sehr wirksame Verknüpfung mit dem Ziel auf Ihrem Bild herzustellen. Nun ist das gewünschte Bild auf der Rückseite beschriftet und die Session im ersten Schritt vorbereitet. Danach nehmen Sie sich einen neutralen noch unbeschrifteten Umschlag und stecken das beschriftete Bild hinein. Im Anschluss werden auf die Vorderseite des Umschlages zügig und gedanklich auf das Ziel gerichtet, die Zahlenreihen (Koordinaten) geschrieben. Diese Koordinaten sind willkürlich und unterliegen keinem bestimmten System. Demnach ist die Erstellung der Koordinaten für das jeweilige Target eine zufällige Zuordnung von Zahlen, die sich in dieser Form der Wahrscheinlichkeit nach nicht wiederholen wird. Eine einmal erstellte Zahlenfolge wird im Nachhinein aber nur einmal vergeben, dass heißt, bei jeder Targeterstellung wird quasi eine neue Zahlenfolge entworfen.

31

Mit den anderen Trainings-Bildern verfahren Sie ebenso. Das könnten zum Beispiel 20 verschiedene Bilder sein, die Sie auf diese Weise vorbereiten.

Die große Anzahl der Bilder und das Aufbewahren in völlig gleich aussehenden Umschlägen in einem Ordner, verbunden mit dem vermischen (praktisch als wenn man ein Kartenspiel mischt) der Umschläge innerhalb des Ordners durch eine andere Person, tragen dazu bei, dass sie nach einiger Zeit nicht mehr nachvollziehen können, welche Zahlenfolge den einzelnen Targets zugeordnet worden ist. Der Remote Viewer und sein Monitor arbeiten von nun an nur noch mit den Zahlenfolgen (Koordinaten).

Es empfiehlt sich hierbei in die Koordinaten keine Buchstaben mit hinein zu nehmen, da sich mit einem Buchstaben sehr viel leichter eine Assoziation zu irgend einem Ereignis herstellen läßt, das eventuell in ihrem Bewusstsein verankert ist und dem zufolge einen störenden Einfluss auf den Sessionverlauf ausüben kann. Ich selbst verwende eine Zahlenfolge von 18 Zahlen, die in sechser Reihen untereinander angeordnet sind. Ein Beispiel für eine Zahlenfolge: (dies ist kein Target - willkürliche Zahlenfolge). Die Koordinaten werden in 3 Reihen zu je 6 Zahlen direkt untereinander geschrieben.

332 478
369 447
339 124

<u>Zusammenfassung:</u>

1. Für das erste Training ist es ratsam, dass sich der Trainierende eine gewünschte Anzahl von Zielen in Form von Bildern bereit legt.

2. Der Trainierende kann die Targets selbst erstellen oder eine ihm vertraute Person damit beauftragen.

3. Die Zielformulierung erfolgt vor der Erstellung der Zahlenfolge. Die Gedanken sind bei der Zielformulierung direkt auf den Zielort oder das betreffende Bild zu konzentrieren. Danach kann die Erstellung der Koordinaten erfolgen.

4. Die Erstellung der Koordinaten erfolgt in der Regel unmittelbar nachdem das Target formuliert wurde. Der Viewer kann die erstellte Koordinatenfolge zusätzlich auf das Blatt mit der Zielformulierung schreiben. Dann wird das vorbereitete Blatt mit der Zielformulierung und den Koordinaten in einem neutralen Umschlag verstaut. Die erstellte Zahlenfolge wird auf die Außenseite des Umschlages geschrieben.

5. Die Koordinaten sind zufällig erdachte Zahlenfolgen.

6. Bei der gesamten Erstellung des Targets, einschließlich der Zahlenfolge, sind die Gedanken auf diesen Vorgang zu richten.

Theorie und Praxis - Das Remote Viewing Protokoll Stufe 1-3

Dieser Abschnitt wird ihnen zeigen wie mit einer Session begonnen wird. Zusätzlich gebe ich ihnen alternative Hinweise wie sie ihre Sessionprotokolle spezifizieren können. Diese Angaben beruhen ausschließlich auf meinen eigenen Erfahrungen, gekoppelt mit den Ausbildungsinhalten, und sind auch in dieser Art und Weise einsetzbar. In den nachfolgenden Beschreibungen verzichte ich weitestgehend auf die sonst übliche Rhetorik. Es geht mir in den kommenden Abschnitten insbesondere darum, ihnen zu zeigen, wie sie mit den zur Verfügung stehenden RV-Tools zu ersten brauchbaren Ergebnissen kommen können. Mit den nachfolgenden Abbildungen betrachten wir uns zunächst den Blattaufbau einer Session. Sie sehen auf den Seiten mit den Abbildungen den Blattaufbau wie er am Anfang einer Ausbildung gelehrt wird. Zusätzlich sind auf den Abbildungen einige alternativ ergänzende Abfragemöglichkeiten aufgezeigt. Je nach Empfindungsfähigkeit des Remote Viewers ändert sich der Blattaufbau etwas. So werden je nach Situation oft schon während der Anfangsphase einer Session direkt am Ideogramm erste Skizzen gezeichnet und Hinweise hinzugefügt, die dem Viewer sofort spontan auffallen. In den Stufen eins bis drei werden durch die methodische Abarbeitung verschiedener Schritte sensorische Daten und Strukturen vom Target erarbeitet. Den ersten Schritt zur Erarbeitung der gewünschten Informationen unternehmen wir mit dem Ideogramm. Hierbei handelt es sich nach der bestehenden Theorie um das Erstellen einer Art virtueller Datenleitung. Die Entstehung eines Ideogramms können wir am einfachsten damit erklären, dass uns die menschliche Intuition, sowie die Spontaneität unseres Gefühls für den Augenblick, eine der Situation entsprechende Reaktion des physischen Körpers zukommen läßt. Wenn wir solche Reaktionen bewusst zulassen, so erfolgt durch eine Kontraktion der Muskeln im rechten Arm, oder bei Linkshändern im linken Arm, das Aufzeichnen einer Linie die meistens eine verschlungene Struktur aufweist. Dieses Ideogramm hat somit keine standardisierten Formen, sondern entsteht aus der Situation heraus. Das Erscheinungsbild eines Ideogramms ist hierbei also irrrelevant für den Verlauf einer Session. Vielmehr kommt es darauf an, die durch das Ideogramm zu erreichenden Informationen zum Zielort, erfassen zu können und eine möglichst genaue Darstellung von Fakten zu erreichen. Mit den ersten Schritten, schon bei der Erstellung des Ideogramms, schaffen wir die Vorrausetzung für einen möglichst reibungslosen Rohdatenempfang zum gewünschten Target.

Die Erstellung eines Targets wiederum, das sei in diesem Zusammenhang eindeutig gesagt, ist ein ganz entscheidender Vorgang, der vor einer Session erfolgt. Die Verknüpfung mit dem Target/Zielobjekt erfolgt in dem Moment, in dem die Formulierung der gewollten Informationen vorgenommen wird. Der klare, auf das Ziel ausgerichtete Gedanke, stellt die nötige Verknüpfung zum Zielobjekt dar. Die Koordinaten dienen lediglich der späteren Registratur und sind im Moment der Formulierung und schriftlichen Fixierung mit den Zielinformationen verbunden. Es ist hierbei also entscheidend was sie bei der Targetformulierung denken. Schreiben sie die entsprechende Formulierung auf das Blatt Papier, denken aber an etwas anderes, so besteht hier die Möglichkeit einer doppelten Verknüpfung zum Zielobjekt. Der Remote Viewer wiederum wird sich seiner Interessenlage entsprechend eventuell auf die zusätzlich verknüpfte

Information konzentrieren. Mit andern Worten heißt das, wenn sie bei der Targeterstellung an einen Vorgang während ihres letzten Urlaubs gedacht haben, so wird sich der Viewer eventuell auf diesen Gedanken konzentrieren. Das Target ist dann einerseits offensichtlich nicht erkannt worden, aber auf der anderen Seite hat der Viewer den mit der ursprünglichen Formulierung verknüpften Gedanken aufgegriffen und beschrieben. Er liegt dann also falsch aber auch gleichzeitig richtig. Dieser Umstand ist dann für die auswertenden Personen oft nicht ersichtlich und zudem für das tatsächliche Ziel nicht relevant. All diese Informationen sind in diesem Fall mit dem Ideogramm verankert und stehen dem Viewer uneingeschränkt zu Verfügung. Mit Hilfe des Ideogramms tastet sich der Viewer schrittweise an die Informationen zum Zielgebiet heran und schreibt in serieller Tätigkeit alles auf, was sich im Moment des Berührens oder Abfühlens dieser Datenleitung an Informationen einstellt. Bei nahezu jedem Menschen ergeben sich in den ersten zwei bis vier Sekunden nach der Berührung oder des Abtastens der gezeichneten Linienstruktur (Ideogramm) spontan Ideen, Gefühle, sensorische Eindrücke, Gedanken oder Emotionen. Das wichtigste während eines solchen Augenblicks ist das Erfassen solcher spontanen Daten. Das sollte der interessierte Mensch üben. Weiterhin gilt es, die eingehenden Daten unverfälscht und ohne Zutun seines „bewussten Selbst" auf sein Blatt Papier zu schreiben und so der späteren Auswertung zur Verfügung stellen. Das heißt, die eingehenden Daten werden auch tatsächlich so aufgeschrieben wie sie dem Viewer eingehen. Es kommt hierbei nicht darauf an, besonders gut ausformulierte und wohlklingende Sätze zu kreieren, sondern der Intuition freien Lauf zu lassen. In den meisten Fällen, schon während des anfänglichen Trainings, ergeben sich erste Eindrücke vom Target.

Der Viewer kann dann zum Beispiel in der Regel feststellen: „Es fühlt sich hier an als ob künstliche Dinge vorhanden wären. Es ist hart und kalt." Durch eine Zwischenfrage des Monitors zum Beispiel wie: „Was bedeutet kalt?", ergeben sich zur Situation am Target weitere Daten. Solche Fragestellungen des Monitors sollten so neutral wie möglich formuliert sein um eine Beeinflussung des Viewers zu vermeiden. Würde er die Frage anders formulieren wie unter anderem: „Gibt es Möbel oder technische Dinge, die dort kalt sind?", so wären das natürlicherweise assoziierende Informationen die den Viewer auf eine Fährte locken die in dieser Weise nicht zum Erfolg führen kann. Er hätte so eine Vermutung zum Ziel der Session zur Verfügung, die mit Sicherheit im weiteren Verlauf der Session verfälschte Informationen ergeben würden. Unser Wachbewusstsein, zuständig für die Analytik und das Agieren in unserer Realität, gleicht solche Informationen mit anderen schon im Gehirn vorhandenen Daten ab und daraus entsteht eine Interpretation, auch in Form von konkreten Bildern vor unserem geistigen Auge, die in dieser Weise nicht gewollt ist. Die Folgen sind in den meisten Fällen falsche oder zumindest verfälschte Zielinformationen. Stellen sich Probleme bei der Wahrnehmung des Viewers im ersten Ideogramm ein, oder sind Probleme aus der Sicht des Monitors in Aussicht, so besteht die Möglichkeit die Erwartungshaltung des Remote Viewers abzubauen. Es erweist sich dann als sinnvoll ein Tool anzuwenden, das ich „Abbau der Erwartungshaltung" nenne. Der Monitor läßt den Viewer dieses Tool noch vor der eigentlichen Session abarbeiten. Es wird auf dem ersten Blatt oben rechts in die Blattecke der Name, das Datum der Session, die Uhrzeit und andere individuelle Zusatzinformationen für die spätere Registratur des Protokolls, geschrieben. Danach notiert der Viewer in der Blattmitte links neben dem ersten Eintrag die Bezeichnung „PI" und darunter den Satz: „Abbau der Erwartungshaltung"[11]. Darunter wiederum schreibt der Remote Viewer in kurzen Worten seinen momentanen oben beschriebenen Zustand. Das können unter anderem solche Notizen sein wie: „Ich fühle mich gut. Ich denke an das Ägypten Target" und dergleichen. Es kommt hierbei darauf an, dass er mit dem nieder schreiben seiner Gefühle, Ideen, Emotionen und psychischen oder auch physischen Zustände, ein abarbeiten derselben erreicht. Auch hier gilt der Grundsatz: „Aufschreiben heißt darüber nachdenken, aufarbeiten und somit at acta legen". Die Chance, dass sich diese Zustände auf die Wahrnehmung während der folgenden Session störend auswirken ist nun verschwindend gering und auf ein beherrschbares Maß reduziert. Sollte es trotzdem zu etwaigen bildhaften Assoziationen kommen, so setzt der Remote Viewer das „AUL" ein. Mit der Anwendung des AUL wird ein Abarbeiten dieses Eindruckes erreicht. Für die Beseitigung solcher störenden Einflüsse stehen also zwei verschiedene Möglichkeiten zur Verfügung. Zum einen „Abbau der Erwartungshaltung" und zum anderen das „AUL". Während einer Session schreibt der Viewer unten links auf sein Blatt: „AUL" und notiert in kurzen Worten die gerade eingetretene bildhafte Überlagerung. Das kann sich wie folgt darstellen: „AUL: Ich sehe fabrikähnliche Gebäude, die in einer bewaldeten Gegend stehen". Tritt solch eine Situation während der ersten drei Stufen auf, auch wenn dieser Eindruck stimmig sein sollte, so wird nach der beschriebenen Methode verfahren. In späteren Tools (RV-Stufen 4-6) werden derartige Eindrücke etwas anders bearbeitet.

---

[11] siehe Abbildung 11

38

Im Verlauf einer Session ist es aus der Sicht des Monitors wichtig auf Formulierungen des Remote Viewers zu achten. Sogenannte Wortkonstrukte stehen in 90% der Beschreibungen von „Targetvorgängen" für einzelne oder auch ganze Abläufe am Target. Nehmen wir das Wort „Wendeltreppe" zum Beispiel, um hier an dieser Stelle nur einen Aspekt zu erklären. Es steht sehr oft für den Ablauf ganzer Entwicklungen die „targetspezifisch" gesehen eine ganz andere Wendung nehmen als normalerweise erwartet wurde. Wenn jemand seinen eigenen Lebensweg erfahren möchte, so kann er durchaus das Wort Wendeltreppe[12] vorfinden. Das könnte dann heißen, es tritt eine Wendung in seinem Leben ein, die beruflicher Natur sein kann oder einen anderen Lebensbereich des Betreffenden berührt. Es kann auch heißen, dass sich ein anderer Lebenspartner einstellt. Möchte jemand zum Beispiel die fortschreitende technische Entwicklung eines bestimmten Bereiches unserer Wirtschaft erfahren, „so konzentriert sich die Session natürlicherweise auf dieses Thema." Die Zielformulierung richtet sich direkt auf den gewünschten zukünftigen oder auch gegenwärtigen technischen Aspekt der Entwicklung und zeigt dann auch die entsprechenden Ergebnisse. So kann es unter Umständen heißen: „hierbei ist eine Veränderung der energetischen Seite zu bemerken", oder es heißt: „Ich bemerke einen Anstieg der Energie am Target". Solche und andere sehr interessante Daten bekamen wir immer bei Targets, die prüfen sollten, ob die Möglichkeit einer gezielten personengebundenen, manipulativen Beeinflussung von Menschen besteht. Insbesondere war das im Bezug auf das Haarp -

---

[12] Wendeltreppe steht in diesen Fällen für einen veränderten Entwicklungsverlauf und oder einer veränderten Situation am Target als sie im Ursprung erwartet wurde.

Projekt der Fall. Es sei hierbei angemerkt, dass es keine Standardisierungen für mögliche Formulierungen gibt. Es werden von den RV-Trainern lediglich Vorschläge für Wörter in den einzelnen Wortgruppen gemacht.

Ich empfehle den trainierenden Personen, sich diesbezüglich davon zu überzeugen, wie sie in der Lage sind, ihnen unbekannte Dinge zu beschreiben, technische Abläufe darzustellen, menschliche Emotionen und Gedanken in Worte zu kleiden. Es ist hierbei sehr hilfreich, wenn sie über einen ausgeprägten Wortschatz verfügen, den sie auch in angespannten Situationen möglichst fehlerfrei anwenden können. Stellen sie sich eine Situation während einer Session vor, in der sie eine Menschengruppe am Target feststellen, die über ihnen unbekannte technische Details spricht, oder sie haben eine Situation in der sie den Lebensweg eines Bekannten beschreiben sollen. Dort können menschliche Emotionen eine Rolle spielen, die vom Remote Viewer wertungsfrei, der vorherrschenden Situation entsprechend, wiedergegeben werden sollen. Je besser das Training ist, desto genauer werden die RV-Ergebnisse. Hierbei stellt sich natürlich die Frage: „Wie beschreibe ich diese Situation?" Der Remote Viewer sollte in dieser Situation schon die entsprechenden Worte ohne nachdenken zu müssen parat haben. Muss er erst darüber nachdenken: „Wie drücke ich mich am besten aus", so ist es schon zu spät und die Analytik drängt die Intuition, die Eingebungen des Augenblickes sofort beiseite. Sehr oft haben sie für das Auffangen der besprochenen Daten zum Zielobjekt nur wenige Sekunden oder auch nur den Bruchteil einer Sekunde zur Verfügung. Ihre Session würde in dieser Phase aus einer großen Anzahl AUL´s bestehen und stünde für die spätere Auswertung nicht mehr zur Verfügung, bzw. wäre dafür untauglich.

Die erwähnten Wortkonstruke werden somit festgehalten, um in späteren RV-Stufen weiterhin untersucht zu werden. Durch das Splitten dieser Konstrukte erreichen wir leichter verwertbare Datenpakete. Das hat den Vorteil, dass sich hierbei noch mehr Möglichkeiten des Informationstransfers ergeben können. Der Remote Viewer durchläuft die beschriebenen einzelnen Protokollstufen schrittweise und erzeugt dabei mit Hilfe des Monitors alle Daten, die ihm in der entsprechenden Stufe durch seine Intuition übermittelt werden. Das wichtigste in den ersten drei Stufen ist, um es noch einmal deutlich zu machen, die Erarbeitung aller intuitiven Daten ohne analytische Deutungen der erzeugten Informationen.

Eine genauere Untersuchung von Einzelaspekten erfolgt in weiteren RV-Stufen. (4-6 und darüber hinaus)
Folgende Beispiele für Wörter und Bezeichnungen werden bei der Beschreibung von Eindrücken innerhalb des Protokolls, Stufe 2, empfohlen:

Dimensionale Eindrücke können wie folgt beschrieben werden:
begrenzt
angelehnt
röhrenartig
rund
eckig
dreieckig

dünnwandig

flach

hohl

zylindrisch …

kurvig…

Oberflächen können wie folgt beschrieben werden:

abgerundet

blockartig

plasmaartig

strukturiert

steinartig

veränderlich

geschmeidig

leuchtend

schwammig

glatt

reflektierend…

Der Verlauf eines Ideogramms kann wie folgt beschrieben werden:

abwärts

kurvig

absteigend

geschwungen aufwärts

gekrümmt

horizontal

in Schleifen aufwärts

schräg gerade hinab

tief

weich

wellig nach vorn

zackig …

Das Gefühl, das sich mit dem Ideogramm einstellt kann wie folgt beschrieben werden:

Bewegung

dynamisch

energetisch

elektrisch

flüssig

formbar

hart

kraftvoll

schnell …

Erste analytische Deutung im Punkt B bei der Ideogrammbeschreibung:

bergig

Berg

Bewegung

hügelig

künstlich

von Menschengemacht

menschlich

natürlich

Vakuum …

Weitere sensorische Daten der Stufe 2 sind Farben, Gerüche, Geschmäcker, Temperaturen, Geräusche sowie der Eindruck ob der Targetvorgang einen Innen oder -Außeneindruck erzeugt, beziehungsweise beide Eindrücke vorhanden sind, die wiederum die übrigen Daten einschließen oder ob sich außerhalb des eigentlichen Targets ein adäquater wichtiger Vorgang im Sinne des Targets ereignet. Schon innerhalb der ersten Abarbeitung dieser Protokollstufen werden in den meisten Fällen Daten erarbeitet, die schon in diesem Stadium der Arbeit, wichtige targetrelevante Ansatzpunkte liefern. Das heißt, es werden später verschiedene offensichtlich wichtige Daten weiter spezifiziert. Bis zu diesem Stadium der Session haben wir bereits eine Datenflut produziert, die eine erste Skizze zulässt. Dafür wurde die Stufe 3 entwickelt. Innerhalb dieser Protokollstufe erstellt der Remote Viewer entweder eine direkte Zeichnung, eine Skizze oder eine stilisierte Darstellung von targetrelevanten Vorgängen, festen stofflichen Geräten, Einrichtungsgegenständen, energetischen Abläufen und dergleichen mehr. In diese Skizze werden je nach Erfordernis die Daten der Stufe 2[13] eingezeichnet und so genauere Hinweise zum Target gegeben. Skizzen und Zeichnungen können aber auch, wie schon erwähnt, an jeder anderen Stelle innerhalb des Protokollablaufes erstellt werden.[14] Solche Verfahrensweisen dienen, wie schon gesagt, dem Selektieren der eingehenden Datenflut in viele kleinere, besser verwertbare Datenpakete.

Der Sinn und Zweck dieser Verfahrensweise liegt auf der Hand. Die untersuchenden Personen kommen auf diese Weise zu einer großen

---

[13] siehe Beispiel Abbildung 7
[14] siehe Abbildung 4, 5, 8, 9

Anzahl sehr genauer Informationen zum Zielgebiet. Diese Informationen erstrecken sich nicht nur auf das gesamte Zielgebiet im Sinne von technischen Informationen und Abläufen, sondern auch auf Daten, die sich auf die am Zielort befindlichen Menschen oder Menschengruppen beziehen. Solche Zeichnungen sind natürlicherweise von sehr unterschiedlicher Qualität.

Je besser und detaillierter die Zeichnung und die dazu gehörigen Beschreibungen sind, je deutlicher wird das spätere Gesamtbild vom Target sein. Es soll aber gesagt werden, dass es hier nicht vornehmlich darauf ankommt besonders gute Zeichnungen zu liefern, sondern es geht vielmehr darum, viele verwertbare Daten zum Target zu produzieren. Zudem kann sich der Remote Viewer durch zusätzliche Schulungen auf dem Gebiet der Rhetorik und des Zeichnens, nach eigenem Eindruck, weiterbilden. Das alles ist eine Frage des Trainings, also auch des persönlichen Engagement und des Faktors Zeit.

Eine weitere Möglichkeit eingehende Ziel-Daten schon im Ansatz festzuhalten besteht darin, dass der Viewer im Moment des Datenempfanges die konkrete Ideogrammstelle mit einer Zahl in einem Kreis beziffert. (Siehe Abbildung rechts und Nummer 5)

Diese Verfahrensweise hat einige Vorteile. Zum einen versetzt es die Remote Viewer in die Lage in weiteren RV-Stufen der laufenden Session diese Situation erneut aufzugreifen, um weitere Daten zu sammeln und zum anderen können in späteren, separaten Sessions die bereits gewonnenen Daten separiert und spezifisch untersucht werden. Die RV-Teams werden bei regelrechten Projekten auf diese

Weise zu einer Vielfalt von RV-Daten kommen, die in ihrer Gesamtheit dazu benutzt werden können das Target genauestens zu untersuchen, um später wiederum die Gemeinsamkeiten aller zum Target abgehaltenen Sessions herauszufiltern und eine Schlussfolgerung zu verfassen.

Unter Stress, bei häufiger Unruhe im Beruf oder am Ort der Session, wird in den meisten Fällen aber kein brauchbares Ergebnis zustande kommen. Es kommt also auch darauf an, in einer ruhigen Atmosphäre zu arbeiten und derartige RV-Tools auch ruhig und gezielt anzuwenden. Die beteiligten Personen sollten sich über die Verfahrensweise und die Zielstellung eines Remote Viewing Projektes im Voraus einig sein. Das heißt bei den beteiligten Personen herrscht auch Einigkeit zur Verfahrensweise bzw. den theoretischen Abläufen einer Session. Das Target hingegen ist dem Viewer nicht bekannt. Er arbeitet seine Session blind ab.

Das heißt: „Ohne jegliche Zielinformationen im Voraus". Der Monitor kann sich das Ziel der Session im Vorhinein ansehen. Es besteht aber auch die Möglichkeit, dass beide Remote Viewer blind arbeiten, dass heißt wiederum, dass beide ohne jegliche Vorinformationen am Target arbeiten. Wie und in welcher Kombination gearbeitet wird bleibt den jeweiligen Remote Viewern überlassen. Wenn an bestimmten Projekten oder Auftragsarbeiten gearbeitet wird, so erweist sich nach meiner Auffassung eine Kombination von allen Möglichkeiten als sinnvoll.

Der Monitor und der Remote Viewer sind sich weiterhin einig, dass folgendes oberstes Gebot unbedingte Gültigkeit hat:

„Der freie Wille des Menschen ist unantastbar und darüber hinaus ist eine Manipulation der Menschen am Zielort zu unterlassen".

Betrachten wir die zeitliche Abfolge einer Session, so sind hier aus der Erfahrung heraus für die Stufe 1-3, ungefähr 30-40 Minuten als Vorgabe zu beachten. Für die gesamte Session sind in etwa 50-60 Minuten zu berücksichtigen. Bei entsprechender Erfahrung und einem guten Ausbildungsstand kann die Session in einigen Fällen bis zu 70-75 Minuten ausgedehnt werden. Das sollte aus Gründen der körperlichen Verfassung und der Konzentrationsfähigkeit des Remote Viewers, die ja sehr unterschiedlich sind, aber nicht die Regel sein.

Schritt für Schritt Empfehlung zum Ablauf einer Session

Das vorliegende Kapitel liefert dem Leser eine Schritt für Schritt Empfehlung, die sich direkt auf den Ablauf einer Session mit Monitor und Viewer bezieht. Ich werde versuchen dem Leser durch die Beschreibung der Einzelschritte, anhand von fiktiven Gesprächsabläufen, vom Beginn einer Session bis hin zum Ende der Stufe 3 Session zu zeigen, wie es möglich ist, erste Wege in Richtung eines Remote Viewers zu beschreiten. An die Stelle von direkten Gesprächsinhalten wie PI´s, Gefühle und Emotionen zum Beispiel, treten später bei einer realen Session natürlich die Aussagen des Viewers/Monitors zur konkreten Situation im Sessionablauf.

Derartig genaue Darstellungen von Abläufen während der Arbeit mit Remote Viewing können auf der einen Seite keine differenzierte Ausbildung bei einem RV-Trainer ersetzen, aber sie kann ihnen einen genauen Einblick in die zu erwartenden Trainingsinhalte vermitteln. Darüber hinaus ist die Gefahr sehr viel geringer das der Trainer bereits bestehende Fehler und Fehlauffassungen, die beim Selbststudium ohne Hilfe oder durch mangelhafte Darstellungen der theoretischen Inhalte von RV-Stufen entstehen können, wieder beseitigen muss. Derartige Beseitigungen von Fehlern, die sich beim Selbststudium eingeschlichen haben, sind vergleichsweise sehr viel problematischer auszugleichen als bei einem Trainee ganz von vorn anfangen zu müssen. Warum? Weil die so entstandenen Informationen bereits im Gehirn eingebrannt und verankert sind. Einem quasi jungfräulichen Gehirn Informationen zuzuspielen ist also sehr viel einfacher als vorhandene Informationsstrukturen zunächst beseitigen zu müssen, um dann die tatsächlich relevanten Informationen bereitstellen zu können. Daraus ergibt sich die sehr große Wichtigkeit und Bedeutung einer korrekten Bereitstellung von Informationen zu den theoretisch relevanten RV-Lerninhalten.

Ablauf und Einzelschritte der Stufe 1-3

Stellen sie sich vor, sie befinden sich in einem neutralen Raum. Er ist mit einem viereckigen Tisch ausgestattet und befindet sich an einem angenehmen Platz innerhalb des Raumes. Auf dem Tisch befindet sich nichts weiter außer die Materialien, die sie zum Arbeiten benötigten. Es befinden sich auf dem Tisch folgende Utensilien:

- Ein Stapel weißer, unbeschriebener Blätter Papier
- Zwei feine Faserstifte (einer als Ersatz)
- Das Target

48

- Eventuell die kopierten Protokollvorlagen bereit legen zur Hilfe für den Monitor

Der Viewer und der Monitor sitzen sich am Tisch gegenüber. Vor dem Monitor liegt der Umschlag in dem sich das vorbereitete Target befindet. Der Viewer arbeitet blind am Target und der Monitor mit Vorabinformationen, dass heißt, er kennt das Target.

Es folgt ein möglicher Gesprächsablauf. *(Die Nummerierung 1- … dient dazu Einzelpositionen innerhalb des möglichen Gesprächsablaufes im Anschluss an diesen Text zu erklären. Eine Nummerierung im regelgerechten Protokoll ist daher nicht nötig)*

Beginn der Session:

1. Monitor: Es befindet sich nichts in diesem Raum, nichts auf dem Tisch, es existiert nur unser Target. Du bist entspannt, konzentrierst dich auf das Target und hörst nur auf meine Worte. Bist du bereit?

2. Viewer: Ja, ich bin entspannt, es geht mir gut. Wir können beginnen.

3. Monitor: Schreibe bitte oben in die Mitte des Blattes: Seite 1. Oben rechts in die Ecke deinen Namen, darunter das Datum. (Dann folgen die Notizen zum Monitor und die Urzeit.) Darunter PI: wie fühlst du dich?

4. Viewer: Mir geht es gut. Ich denke an die Reise in den Urlaub, an die Pyramiden.

5. Monitor: Schreibe darunter: Abbau der Erwartungshaltung und notiere deinen Eindruck. Woran denkst du im Moment?

6. Viewer: Ich denke an den Flug und an die Erlebnisse in den

Pyramiden. Es ist jetzt alles in Ordnung, ich bin entspannt.

7. Monitor: Gut, dann beginne eine neue Seite. Seite 2. Schreibe oben rechts in die Ecke deinen Namen und die üblichen Angaben zum Protokoll. Name, Datum, Registratur, Monitor oder Solosession, Uhrzeit.

8. Viewer: ... er notiert diese Angaben und bestätigt ... OK, ich bin fertig.

9. Monitor: Schreibe bitte darunter an die linke Seite des Blattes die Koordinaten ... (siehe auch Abbildungen 3-5)

10. Viewer. ... (schreibt die Koordinaten auf) ...

11. Monitor: Und das Ideogramm!

12. Viewer: ... (fertigt sofort nach der letzten Zahl das Ideogramm direkt unter der letzten Zahl der Koordinaten Folge) ...

13. Monitor: Es ist gut. Fühle das Ideogramm ab unterteile es in einzelne Abschnitte.

14. Viewer. ... (der Viewer nimmt die Unterteilung vor und beziffert die Einzelabschnitte mit A1 - ...) Ich habe die Einteilung vorgenommen.

15. Monitor: Bitte fühle den Abschnitt A1 ab und beschreibe den Verlauf und das Gefühl der Kurve.

16. Viewer: Es geht in Kurven aufwärts und fühlt sich energetisch an. Ich spüre wellenartige Bewegungen. ... (Der Viewer beschreibt seine Eindrücke, spricht dazu und notiert jeden Eindruck sehr genau)

17. Monitor: Gut, Abschnitt B1: erste Schlussfolgerungen. Ist es künstlich? Natürlich?

18.	Viewer:	Es ist menschlich, von Menschen gemachte Strukturen auf natürlicher Basis. ... (Es folgt die Abarbeitung der Abschnitte A1- ... auf diese Weise; das Ideogramm bitte zwei mal abarbeiten)
19.	Monitor:	Wir haben die Abschnitte untersucht und gehen zur Stufe 2 über. Neues Blatt. (Bitte die Seitenzahl notieren). Stufe 2, sensorische Daten. Schreibe bitte zunächst Farben oben auf dein Blatt. Farben. Kannst Du Farben feststellen? Wenn ja, welche? (siehe auch Abbildung 6)
20.	Viewer:	... (der Viewer gibt die Farben an, die er feststellt). Ich sehe rot, gelb, ein warmes braun und vereinzelnd grün, ein helles grün.
21.	Monitor:	... (der Monitor arbeitet auf diese Weise weiter bis die Stufe 2 abgearbeitet ist)
22.	Viewer:	... (der Viewer antwortet dem Monitor, spricht zu seinen Feststellungen und schreibt alles genau auf.)
23.	Monitor:	Wir gehen zur Stufe 3 über. Zu den bereits gewonnen Daten sollte sich eine erste Skizze anfertigen lassen. Fühle bitte dein Ideogramm ab und skizziere deine Eindrücke. Ergibt das Abfühlen des Ideogramms Eindrücke, die sich skizzieren lassen? Wenn ja, welche?
24.	Viewer:	... (der Viewer fühlt gegebenenfalls sein Ideogramm ab und skizziert seine Eindrücke. Wenn das in einer direkten Skizze nicht möglich ist, zeichnet er ein Quadrat auf sein Blatt Papier und unterteilt es in einige

Segmente. Dort werden die sensorischen Daten an den Positionen eingetragen, an denen der Viewer meint das sie dort hingehören. Später, in weiteren RV-Tools, werden diese Daten weiter spezifiziert.)

25. Monitor: Der Monitor gibt dabei Hinweise und Empfehlungen an den Viewer wie zum Beispiel: zeichne ein Quadrat auf dein Blatt Papier, ziehe einen Strich quer durch das Blatt und zeichne zunächst die Farben, die du jetzt sehen kannst, in eins von den Segmenten. Lässt sich eine direkte Skizze vom Target erstellen, so gibt der Monitor Hinweise zum Eintragen der bereits vorhandenen sensorischen Daten aus der Stufe 2 und in dieser Phase der Session, zusätzlich gewonnene Eindrücke. Er sagt dann zum Beispiel: Du hast hier Geräusche festgestellt. Kannst du diese Geräusche auch auf deiner Skizze eintragen? Wenn ja, wo genau? Lokalisiere den Eindruck bitte etwas genauer.

26. Viewer: Ich kann direkt am länglichen Objekt Stimmen hören. Ich höre sie von hier. (Der Viewer trägt die Stellen, an denen er die Stimmen hören kann, in die Skizze ein. Zum Beispiel mit der Bezeichnung A oder 1 in einem Kreis. In späteren RV-Stufen, Stufen 4-6, können diese Eindrücke zur genaueren Untersuchung wieder aufgegriffen werden.

27. Monitor: Es ist gut so. Gibt es weitere Hinweise die du in deine Skizze eintragen möchtest?

28. Viewer: Nein. Es gibt keine weiteren Hinweise.

29. Monitor: (Wenn es das Target erfordern sollte, dann kann auch an dieser Stelle des Protokolls eine Bewegungsübung eingesetzt werden. Das kann der Fall sein, wenn am Target bestimmte Objekte etwas genauer untersucht werden sollen, oder aber wenn das Target aus einem größeren Abstand betrachtet werden soll, um einen besseren Gesamteindruck zu bekommen. Das, zum Beispiel, war der Fall als wir den Karnak Tempel in Luxor untersucht haben.) Wir machen eine Bewegungsübung. Bitte nehme ein neues Blatt und notiere die Seitenzahl oben in die Blattmitte und schreibe darunter: Bewegungsübung.

30. Viewer: (Der Viewer folgt dem Monitor, geht wie empfohlen vor und bestätigt gegebenenfalls mit einem „OK" seine Notizen.)

31. Monitor: Bitte schreibe folgenden Satz unter die Notiz Bewegungsübung: In einem Abstand von 2,00 Metern direkt vor dem Punkt "①" in Blickrichtung auf das Target, sollte etwas sichtbar werden. Im Anschluss daran fertige bitte unverzüglich ein Ideogramm aus dem letzten Textbuchstaben heraus, an. (hier wird versucht, ein Objekt an einer Säule genauer zu betrachten, das vorher in der ersten RV-Stufe lokalisiert werden konnte. Durch die beschriebene Kennzeichnung von konkreten Objekten, Vorgängen Dingen oder Personen/Personengruppen am Ideogramm hat der Viewer diesen Punkt genau

eingegrenzt. Zur Intensivierung der Datenerfassung kann dieser Ideogrammpunkt weiter benutzt werden, indem der Viewer den Ideogrammpunkt zum Beispiel mit dem Finger oder der Hand berührt, um eine direkte Verbindung zum Zielobjekt herstellen zu können. Die Wirksamkeit derartiger Verfahrensweisen sollten personenbezogen und im Detail vorher in Gesprächen und einfachen praktischen Versuchen geprüft und durchgesprochen werden.)

32. Viewer: (Der Viewer folgt den Hinweisen des Monitors und bestätigt es mündlich.)

33. Monitor: (Das Ideogramm wird nun konkret nach dem gesuchten Punkt abgesucht und lokalisiert. In der Regel gelingt eine derartige Aktion, und das gesuchte Objekt wird auf dem Ideogramm lokalisiert und kann eingegrenzt werden. Im Normalfall erfolgt an dieser Stelle des Protokolls eine erneute Datenerfassung nach der bekannten Verfahrensweise Stufe 2-3, den Koordinaten usw. Wurde das Objekt aber sofort gefunden, was auch in 95 % der Sessions der Fall war, so kann direkt in das Tool RVSH-DOA beziehungsweise RVSH-DPA übergegangen werden. Diese Vorgehensweise des Direkteinstieges in eine Objektsuche / Analyse, oder Personenanalyse gekoppelt mit einer Bewegungsübung wurde von RVSH lange und ausführlich geprüft und als außerordentlich funktionstüchtig eingestuft.)

Bis an diesen Protokollpunkt haben wir bereits sehr umfangreiches Material zur Verfügung und können nun mit den RV-Stufen 4-6 fortfahren. Die Beschreibung der RV-Stufen 4-6 erfolgt im Band 2 und 3 der vorliegenden Broschüre. Zunächst einige Erläuterungen zu einigen Punkten im vorliegenden Gesprächsprotokoll.

Die Aussagen Fühle dein Ideogramm ab:
Hierbei ist zu beachten, dass eine Intensivierung des Datentransfers dadurch erreicht werden kann, indem der Viewer mit seinem Stift das Ideogramm direkt nachzeichnet oder aber unmittelbar darüber mit dem Stift die Ideogrammlinie abfühlt. Eine andere sehr wirksame Alternative dazu ist die Verbindungsaufnahme mit dem Finger oder der Innenhandfläche. Die esoterisch begabten oder interessierten Menschen von ihnen werden wissen, wie intensiv solch eine direkte Kontaktaufnahme sein kann. Die Voraussetzung dafür ist, dass der Viewer derartige Verfahrensweisen zum einen für möglich hält und zum anderen auch praktisch anwenden kann. Der Remote Viewer sollte hierbei in der Lage sein, auf Anzeichen und Hinweise seiner veränderten Wahrnehmungen entsprechend zu reagieren und die so gewonnenen Informationen auch wertungsfrei wiederzugeben. Sie können bei sich selbst sehr einfach prüfen ob es ihnen möglich ist, mit der Innenhandfläche zum Beispiel Temperaturen zu fühlen indem sie die Innenhandflächen vor sich einander zugewendet vor die Brust halten und in einem zunächst geringen Abstand voneinander prüfen wie warm oder wie sich der so entstandene Raum zwischen den Handflächen anfühlt. Je weiter sie diesen Abstand wählen können und sie immer noch Wahrnehmungen im Raum zwischen den Innenhandflächen feststellen können, je sensibler reagieren sie auf

Kälte, Wärme, Energien und Schwingungen am Target. Probieren sie es aus und sehen sie wie sensibel ihre Wahrnehmungen ausgeprägt sind. Wer von den Lesern schon einmal in Ägypten war und die Cheopspyramide besucht hat, der sollte sich in die Königskammer oberhalb der großen Galerie begeben. Dort finden sie einen Sarkopharg an der hinteren Kammerwand. Begeben sie sich dort hin, stellen sich direkt davor und senken ihre Hand sehr langsam in das Innere des Sarkophargs. Sie werden dort etwa 5-10 cm unterhalb der Oberkante des Sarkophargs einen sehr leichten Druck in der Innenhandfläche verspüren. Es wird sich anfühlen als ob sie einen weichen aufgeblasenen Luftballon zusammendrücken würden. Dieses Gefühl wird von einem sehr leichten Kribbeln in der Hand begleitet. Derartige Wahrnehmungen gekoppelt mit sensitiven, meditativen Fähigkeiten bilden sich nach einiger Zeit des RV-Trainings bei den meisten Menschen aus. Hierbei ist es völlig unerheblich, ob bei ihnen bereits natürliche Fähigkeiten zu bemerken sind oder nicht. Es wird entweder zur weiteren Vervollkommnung schon vorhandener, benutzbarer Fähigkeiten kommen oder es werden sich derartige Fähigkeiten bei ihnen ausbilden. In welcher Weise eine Personen solche Fähigkeiten nutzen kann oder sein Leben danach ausrichtet, obliegt der Natur desjenigen, der trainiert. Wenden sie sich auf jeden Fall immer an ihren Trainer. Sie werden im Laufe der Zeit seinen Rat benötigen.

Kommunikationspunkt 25/26/31/33:

In der RV-Stufe 3 kann es vorkommen, dass der Viewer nicht sofort eine Skizze entsprechend seiner Eindrücke anfertigen kann. In diesem

Fall besteht die Möglichkeit eine Art Raster zu zeichnen (siehe auch Abbildung 17). In dieses Raster werden alle sensorischen Daten der Stufe 2 und zusätzlich aus dem Moment heraus entstandene Informationen an der Stelle eingetragen, an der der Viewer sie einordnen möchte. Die so entstandenen Informationen können separiert und in den RV-Stufen 4-6 weiter untersucht werden. Eine weitere Möglichkeit den Datenstrom zu intensivieren, ist das Anfertigen einer Tabelle. In diese Tabelle werden ebenfalls Daten der Stufe 2 und 3 in Verbindung mit einer Kurzbeschreibung der Daten, eingetragen. Wir haben hier eine gekoppelte Variante von verschiedenen RV-Protokollen vor uns. (TRV, CRV, SRV, siehe Nomenklatur RV-Protokolle). Diese Tabelle stellt eine brauchbare Alternative zu den Stufen 1-3 dar und wurde von RVSH ein wenig abgewandelt. Ich habe dafür den Namen RVSH-ATS1/3 (Alternativ Tool Stufe 1-3) entwickelt. Ursprünglich kommt dieses Tool aus dem RV-Protokoll, ERV (Extendet Remote Viewing; ausgedehntes, erweitertes Remote Viewing). Wir haben hier eine hybrid Remote Viewing Technologie vor uns, die in der Hauptsache auf dem CRV-Protokoll basiert und auch deren Beherrschung voraussetzt. Sie erfahren bei der Durchführung von ERV wie sie mit Hilfe des Bewusstseins in Wahrnehmungszustände hinüber gleiten können, ohne ablenkende Zusatz- oder Hilfsmittel benutzen zu müssen. Um diesem Zustand nahe zu kommen, habe ich mich bemüht einige Tools so umzubauen, dass sie im herkömmlichen Sinn für jeden Interessenten benutzbar sind und sie dennoch in die Richtung einer detaillierten Wahrnehmung des Targets geführt werden. Bei der Anwendung von RVSH-ATS1/3 empfehle ich dem Monitor die Aufmerksamkeit seines Remote Viewers darauf zu lenken, dass er in der Hauptsache auf seine Intuition, auf den Momenteindruck achtet und diese Wahrnehmung in die Tabelle einträgt. Das heißt im Klartext das der Monitor seinen Remote Viewer dann auf einen Einzeleindruck zum Beispiel auf den Eindruck: ein großer Raum, eine Halle, fixiert und ihm sagt: lege deinen Stift einen Moment zur Seite und konzentriere deine Aufmerksamkeit auf den Aspekt Halle, großer Raum. Schließe hierfür die Augen und sieh dich dort um. Darüber hinaus kann der Monitor dem Viewer empfehlen seine Hand zur Intensivierung der Wahrnehmungen auf den entsprechenden Ideogrammpunkt oder auf die Skizze zu legen. Das wird in den meisten Fällen dazu führen, dass der Viewer einen näheren Bezug zum konkreten Ereignishorizont erreicht. Solch ein Verfahren birgt aber auch einige Gefahren in sich. Je nach Empfindungsfähigkeit des Remote Viewers oder des Trainees besteht die Gefahr, dass der Viewer auch emotional sehr stark auf die vorgefundene Situation reagiert. Es können sich zum Beispiel Personen oder Personengruppen in der Halle befinden, auf die der Remote Viewer sofort reagiert. In diesem Fall sollte sich der Viewer mit Hilfe des Monitors sofort von dieser Person oder Personengruppe abgrenzen. Das damit geschehen indem der Remote Viewer, wie aus der Abbildung 19 (RVSH-PSM) ersichtlich, einen persönlichen „Energie Ballon" um sich selbst aufbaut. Die Definition derartiger Energie Ballons sollte entsprechend der Situation erfolgen. (Siehe auch Abschnitt: Anwendung und Hinweise zum RV-Tool: RVSH-PSM). Zu diesem Zweck wird unter die entsprechende Protokollstelle der Vermerk: Pause, geschrieben. Dann erfolgt in der Regel die entsprechende Reaktion des Remote Viewers durch eine weitere Aussage zum Aspekt Halle, großer Raum. Wir sprechen hier über Tools, die schon sehr konkrete Remote Viewing Kenntnisse voraussetzen und erst in späteren Ausbildungsstufen angewendet werden sollten. Während der

Projektarbeit von Remote Viewing Gruppen ist es von Vorteil, wenn bei derartig angelegten Projektsessions mit gekoppelten RV-Tools entweder nur ein Tonmitschnitt oder im günstigsten Fall eine Videoaufnahme erfolgt. Neben dem geschriebenen Wort ist auch der gesprochene Text während einer Projektsession von sehr großer Bedeutung. Die Gruppe ist so in der Lage bei späterer Auswertung alle Fakten und Aussagen des Remote Viewers zur Verfügung zu haben und sie in die Auswertung einfließen zu lassen. Projektsessions die auf eine derartige Weise produziert werden, können die Grundlage für spätere Spezifikationen sein. Darunter verstehe ich, dass solche Projektsessions weiter aufgefächert werden können. Das hat den Vorteil, dass Einzeleindrücke in weiteren separaten Sessions, zugeschnitten auf diesen einzelnen Aspekt oder einer konkreten Aussage des Remote Viewers, durchgeführt werden können. Wurden während der Projektsession vom Remote Viewer relevante Personen oder Personengruppen festgestellt, so kann der Monitor das RV-Tool RVSH-DPA zur Anwendung bringen. Im Folgenden einige Hinweise und Anregungen zu deren Anwendung.

Hinweise zum RV-Tool: RVSH-DPA / Remote Influencing

Nehmen sie an, die Remote Viewer haben während der Session im Zielgebiet eine gesuchte Person lokalisiert. Sie haben jetzt die Möglichkeit auf einem separaten Blatt Papier diese Person zu untersuchen. Die Person (P1) wird durch ein Strichmännchen skizziert und in der Blattmitte platziert. Jetzt kommt es darauf an, welche Informationen die Remote Viewer zur Person benötigen. Für eine allgemeine, alles umfassende Personenanalyse kann das Tool wie vorgestellt angewendet werden. In der vorliegenden Empfehlung zur Anwendung finden die interessierten Anwender ein Tool zur umfassenden Untersuchung von „Einzelpersonen" vor. Im Weiteren bietet dieses Tool wichtige Ausgangspunkte zur Anwendung und Durchführung von Remote Influencing. Hierfür werden nach der Durchführung des Tools RVSH-DPA Einzelfaktoren aus der Personenanalyse herausgelöst und als separater Faktor behandelt. Zunächst konzentrieren wir uns in der folgenden Kurzbeschreibung auf das Durchführen einer allgemeinen Personenanalyse zur Feststellung aller targetrelevanten wichtigen Fakten zur Person. Wie in der Abbildung 15 dargestellt, legen der Monitor und Viewer gemeinsam das separate Blatt Papier an und beginnen mit dem Abfragemodus. Ich empfehle ihnen, im Urzeigersinn vorzugehen und die Abfrage von Einzeldaten mit dem Modus: Körper/Verhalten, zu beginnen. Konzentrieren sie sich auf den Moment der Wahrnehmung, hören in sich hinein und achten sie unbedingt auf den ersten Eindruck nach dem Ausrichten[15] auf den entsprechenden Modus. Richten sie ihre Aufmerksamkeit auf Körper/Verhalten, so beginnt der Datendownload sofort. Wie im Beispiel in der Abbildung 15 angedeutet, werden auf diese Weise alle festgelegten Punkte im Abfragemodus abgearbeitet. Bekommt der Viewer an einigen Punkten keine Informationen, so fahren sie fort und notieren dort keine Daten. Der Monitor hat hierbei die Aufgabe den Viewer durch die Session zu begleiten und die entsprechende Frage zum Modus zu stellen wie: Schwächen/Stärken. Der Viewer berührt gegebenenfalls den Kopf der Skizze (das Strichmännchen) und spricht seine Eindrücke verständlich aus.

---

[15] Im RV-Sprachgebrauch auch auf den Punkt bzw. Detail, Fokussieren, genannt.

Darüber hinaus achtet der Monitor während der gesamten Session zur Person auf die Reaktionen des Viewers, bezogen auf die einzelnen Informationen. Ich bestehe darauf ihnen zu sagen, dass eine derartige Aktion auch dazu führen kann, dass sich der Remote Viewer emotional selbst belastet und mit den gewonnenen Eindrücken von der Zielperson an sich, ein erhebliches psychisches Problem bekommen kann. In derartigen Fällen sollten die RV-Gruppen dafür Sorge tragen dass sich die Remote Viewer emotional entladen können. Das heißt, es sollten auf jeden Fall ausführliche Gespräche zu den Eindrücken stattfinden, um zu sichern, dass sich der entsprechende Viewer auch mit den gewonnenen Eindrücken beschäftigt. Er sollte sich damit auseinandersetzen und somit ein Ablegen der aufgefangenen Emotionen gewährleisten. Die RV-Gruppen als Aktionseinheiten sind für das Wohlbefinden der Remote Viewer verantwortlich und arbeiten nach festen, humanistisch einwandfreien Prinzipien.

Remote Influencing

Das vorhergehende Tool kann als ein entscheidender Ausgangspunkt für die Anwendung von Remote Influencing betrachtet werden. Wenn die Remote Viewer eine differenzierte Personenanalyse durchführen, so produzieren sie eindeutige Daten zur Person. Diese Daten sind klar und genau genug, um eine direkte personenbezogene Beeinflussung vornehmen zu können. Weisen diese Daten auf eine sehr stabile Persönlichkeit der Zielperson hin, so besteht alternativ zur direkten Manipulation der Person die Möglichkeit, dass sie direkt mit der Zielperson in Verbindung stehende Daten aus dem Umfeld herausziehen und eine Manipulation dieses spezifischen Umfeldes der

Zielperson vornehmen. Beginnen wir zunächst erst einmal mit der direkten Beeinflussung von Zielpersonen. Sie haben in einer Session zur Personenanalyse festgestellt, dass ihre Zielperson beruflich ein sehr breites Betätigungsfeld hat. Nehmen sie sich Daten zur Hand, die sich zum Beispiel direkt auf seine Bürotätigkeit bezieht. Hier besteht die Möglichkeit, dass sie der Person depressive Phasen verabreichen, indem sie den Eindruck von Trauer vermitteln. Sie projizieren auf direktem Weg eine traurige Grundhaltung in das Bewusstsein der Zielperson. Gehen sie gezielt vor und verabreichen die Stimmung Traurigkeit, Lustlosigkeit und Wehmut auf direktem Weg in das Unterbewusstsein der Person, indem sie sich direkt in den Kopf der Person versetzen und mit dieser Persönlichkeit für kurze Zeit verschmelzen. Danach denken sie an seine Bürotätigkeit und an das, was sie damit in Verbindung bringen wollen, verabreichen die festgelegten Fakten und katapultieren sich wieder zurück in die Realität. Dies ist beabsichtigt eine sehr einfache Darstellung eines derartigen Vorganges. „Seien sie sich dessen aber genauestens bewusst: es geht!" Ich spreche auch hier aus eigener Erfahrung! Genaue Angaben und Erklärungen zu den spezifischen Einzelschritten kann ich auf Grund der Brisanz des vorliegenden Themas nur persönlich weitergeben! Stellen die Remote Viewer während der Datenerhebung fest, dass die Zielperson P1 psychisch sehr stabil ist und sein Tun und Handeln weitestgehend beherrschen kann, so ziehen sie sich einen Faktor aus dem Umfeld der Zielperson heraus. Hierfür haben sie die Daten aus dem Protokoll: differenzierte Personenanalyse vorliegen. Wir bleiben bei unserer Person, die eine Bürotätigkeit ausübt. Schon während der Session zur Analyse der Person P1 haben sie festgestellt, dass er psychisch sehr instabile Freunde im Büro hat.

Diese Freunde haben finanzielle Probleme und müssen einen enormen Schuldenberg bewältigen. Sie haben Häuser, ein Auto und Kinder zu versorgen. Daraus resultiert permanente Geldnot. Das ist an sich nichts Verwerfliches. So etwas ist die Realität, gehört nebenbei gesagt quasi bei uns zum Leben und ist auch eine gewollte Wirkung. Sie konzentrieren sich auf einen der labilsten, befreundeten Menschen aus dem Umfeld unserer Zielperson, versetzen sich in ihre Persönlichkeit und projizieren in ihr Unterbewusstsein zum Beispiel das Gefühl von Hass und Neid auf die relativ stabile private und berufliche Situation der eigentlichen Zielperson P1. Der Effekt wird nach einigen Wochen sehr effektiv eintreten und die manipulierte Person im Umfeld unserer Zielperson P1 beginnt Unruhe zu entfalten, zieht sich immer mehr von gemeinsamen Unternehmungen mit dem Freund zurück, verbreitet offensichtlich unbegründeten Streit und derartige Dinge, die letztlich sogar zu einem Bruch der Freundschaft führen können. Das Ziel dieser Aktion im Umfeld von P1 liegt nun klar auf der Hand. Es soll hierbei ein Faktor im Umfeld der Person P1 derartig manipuliert werden, dass diese in ständiger Wechselwirkung zum Umfeld von P1 steht. Der Effekt ist die Veränderung/Beeinflussung bestimmter vorher geplanter Lebensbereiche von P1. Mit ein wenig Glück beginnt die positive Grundstimmung von P1 sukzessive zu sinken und bekommt einen Knacks. P1 beginnt Fehler zu machen, fühlt sich schlecht und sein Leben gleitet in ungeregelte Bahnen ab. Das wäre der am denkbarsten günstigste Verlauf im Sinne einer solchen abartigen Aktion. Ich denke das wir alle auf solche Machenschaften mit Verachtung reagieren sollten. Hierfür ist aber die Erkenntnis notwendig. Ich bemühe mich ihnen zu dieser Erkenntnis zu verhelfen, indem ich Information zu machbaren PSI Aktivitäten liefere.

Hinweise zum RV-Tool: RVSH-PSM

Es bietet sich hier natürlicherweise an, über einen wirksamen Schutz verfügen zu können. Mein Remote Viewing Service hat sich natürlich auch hierzu Gedanken gemacht und einige schon vorhandene und auch benutzbare RV-Tools neu aufgearbeitet und differenziert umgebaut. Für die etwas abgeänderte Version des persönlichen Schutzes gegen solche PSI Angriffe während der Session sowie auch im täglichen Leben habe ich den Namen RVSH-PSM kreiert. Diese persönlichen Schutzmechanismen beinhalten mehrere Bereiche. Die Gemeinsamkeit aller Einzelbereiche zum Thema Schutz gegen die Aktivitäten von so genannten PSI Agenten, oder solche die sich selbst dazu ernannt haben, sind die eigenen Gedankenstrukturen im Bewusstsein und Unterbewusstsein. Es kommt im Besonderen darauf an, die Angriffe von außen durch eine stabile Psyche abzuwehren oder aber erheblich einzudämmen. Die psychische Stabilität eines jeden von uns, eine stabile Auffassung zum Leben, die gedankliche Klarheit diesen Vorgängen gegenüber, können wesentlich dazu beitragen, dass derartiges bei ihnen nicht funktionstüchtig ist. Halten sie es für möglich, dass sie selbst manipuliert werden, oder negieren diese Tatsachen strickt, so öffnen sie diesen Aktionen Tür und Tor. Glauben sie nichts von dem, sondern widmen sich dem Wahnsinn des Alltags, ohne über ihr Leben sinnvoll nachzudenken, so versichere ich ihnen, dass sie vor diesen Machenschaften nicht sicher sein werden. Neben den technisch machbaren Manipulationspraktiken existieren diese gedanklichen Hybridinstrumente der PSI Agenten und sind sofort und ohne technische Hilfe einsetzbar. Sehr oft haben wir es mit einer Koppelung von esoterischen und rein seriellen, gedanklich-technischen Abläufen zu tun. Die außerordentlich hohe Wirksamkeit steht außer Frage und ist wissenschaftlich und auch esoterisch längst bewiesen. Es kommt nur noch darauf an, den Menschen die machbaren Möglichkeiten klar zu machen und zu zeigen wie es geht, wie die Menschen manipulativ zu erreichen sind. Diese notwendige Erkenntnis wird dazu führen, dass die Wirksamkeit solcher PSI Anwendungen stark nachlässt und bei gestiegener Bewusstheit letztlich eines Tages völlig aufhört zu wirken.

An dieser Stelle beleuchten wir nur einen Fakt. Betrachten wir uns den Bereich, „Energie Ballon". Wie in der Abbildung 19 bereits angedeutet, besteht die Möglichkeit beim Antreffen solcher PSI Aktivitäten während einer Session, oder sind mehrere Personen am Target festgestellt worden, die dem Viewer suspekt sind, das Einsetzen so genannter Energie Ballons zu realisieren beziehungsweise einen wirksamen Schutz zu initiieren. Haben sie während einer solchen Session Personen oder Personengruppen angetroffen, vor denen sie sich schützen müssen, so schreiben sie in die untere Ecke ihres Blattes den Fakt: ich. Damit bekunden sie gedanklich klar und deutlich das sie sich von den Personen distanzieren und abgrenzen. Sie ziehen dabei schriftlich um die Notiz: ich, mehrere Kreise und definieren den Schutzballon als energetisch, fest undurchdringbar oder andere gewollte Definitionen. Sie projizieren einen energetischen Schutzkreis um ihre eigene Person und erreichen damit, dass sie sich selbst in einem körpereigenen energetischen, klar definierten Schutzkreis- oder Ballon befinden. Ich habe für eine klare und eindeutige Definition fünf beispielhafte, mögliche Formulierungen bereitgestellt:

- Es dringen nur für die Situation wichtige Informationen zu mir durch, die mir nicht schaden können.

- Alle wichtigen, für meine Person vorteilhaften Informationen dürfen zu mir hindurch dringen.
- Alle targetrelevanten Informationen dringen gefahrlos zu mir hindurch.
- Der Energie Ballon ist für alle transparent, sichtbar und nur durchdringbar für alle targetrelevanten Informationen.
- Der Energie Ballon hat die Farbe rot, ist nicht transparent und nur für die Informationen durchdringbar, die ich abrufen möchte.
- Beachten sie bitte, dass sie eine ihren Neigungen entsprechende andere Formulierung für eine klare, eindeutige Definition des Ballons entwickeln können. Ebenso besteht immer die Möglichkeit, ihrem Schutzballon eine Farbe zu geben.

Der Vorteil besteht darin, dass die Signalwirkung der Farbe rot zum Beispiel auch vor dem geistigen Auge ihre Wirkung erzeugen kann. Üben sie mit einem Bekannten oder mit ihrem Trainer solche Dinge in aller Ruhe, auch um zu sehen, wie sie selbst in derartigen Situationen reagieren oder aber wie Kontaktpersonen am Target auf sie reagieren. Mir selbst ist es verschiedentlich passiert, dass Personen am Target erstaunt auf meine Anwesenheit reagierten, ich also auch wahrgenommen werden konnte. ■

Lesen sie im Band 2 dieser Buchreihe, wie wir mit den RV-Stufen 4und 5 umgehen können. Auch hier erwarten sie weitere spannende Erfahrungen.

Volker Hochmuth am 16. Mai 2005

RVSH-Remote Viewing Service Hamburg
Inhaber: Volker Hochmuth
Mail: volker@volkerhochmuth.de

RVSH-DPA => differenzierte Personen - Analyse - Kurzfassung

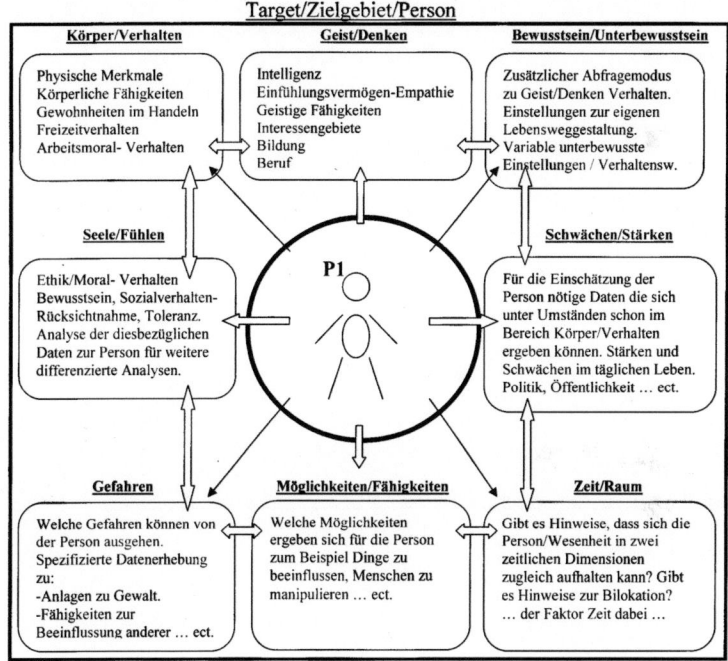

Target/Zielgebiet/Person

Körper/Verhalten

Physische Merkmale
Körperliche Fähigkeiten
Gewohnheiten im Handeln
Freizeitverhalten
Arbeitsmoral- Verhalten

Geist/Denken

Intelligenz
Einfühlungsvermögen-Empathie
Geistige Fähigkeiten
Interessengebiete
Bildung
Beruf

Bewusstsein/Unterbewusstsein

Zusätzlicher Abfragemodus
zu Geist/Denken Verhalten.
Einstellungen zur eigenen
Lebensweggestaltung.
Variable unterbewusste
Einstellungen / Verhaltensw.

Seele/Fühlen

Ethik/Moral- Verhalten
Bewusstsein, Sozialverhalten-
Rücksichtnahme, Toleranz.
Analyse der diesbezüglichen
Daten zur Person für weitere
differenzierte Analysen.

P1

Schwächen/Stärken

Für die Einschätzung der
Person nötige Daten die sich
unter Umständen schon im
Bereich Körper/Verhalten
ergeben können. Stärken und
Schwächen im täglichen Leben.
Politik, Öffentlichkeit … ect.

Gefahren

Welche Gefahren können von
der Person ausgehen.
Spezifizierte Datenerhebung
zu:
-Anlagen zu Gewalt.
-Fähigkeiten zur
Beeinflussung anderer … ect.

Möglichkeiten/Fähigkeiten

Welche Möglichkeiten
ergeben sich für die Person
zum Beispiel Dinge zu
beeinflussen, Menschen zu
manipulieren … ect.

Zeit/Raum

Gibt es Hinweise, dass sich die
Person/Wesenheit in zwei
zeitlichen Dimensionen
zugleich aufhalten kann? Gibt
es Hinweise zur Bilokation?
… der Faktor Zeit dabei …

Kurzbeschreibung:

- **P1: Person, bei mehreren Personen werden laufende Nummern eingesetzt (1-xxx)**
- **Die einzelnen Bereiche (Körper, Seele) ect., stellen die zu untersuchenden Daten zur Person dar.**
- **Alle Daten werden zunächst separat erarbeitet und bauen bei späteren Analysen der Einzelbereiche, aufeinander auf.**
- **Die Einzelbereiche stellen das Ausgangsmaterial für weitere Spezifizierte Datenerhebungen zur Person dar. Die Zielperson wird bei Spezifizierungen in Einzelschritten, je nach Bereich und geforderter Daten, systematisch >>aufgeteilt<<.**
- **Die Einzelbereiche enthalten einen bestimmten Abfragemodus. ∎**

Abbildung 1: Differenzierte Personen Analyse – kann zur Analyse von Personen am Target und im Alltag verwendet werden. Darüber hinaus kann das RV-Tool zur aktiven Durchführung von „Remote Influencing" verwendet werden. Diese Tools können von „ausgebildeten Remote Viewern" sofort angewendet werden.

RVSH-Remote Viewing Service Hamburg
Inhaber: Volker Hochmuth
Mail: volker@volkerhochmuth.de

RVSH-DOA = > differenzierte Objekt-Analyse - Kurzfassung

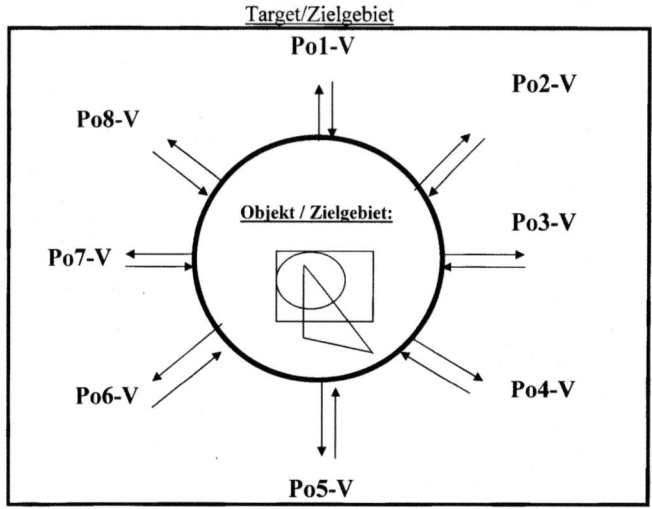

Kurz-Beschreibung:

- Po 1-8: Position, V: Viewer
- Objekt im Zielgebiet: Das gesuchte Objekt wurde im Zielgebiet/Target geortet. Der Viewer hat sich dem Objekt angenähert.
- Der Viewer umkreist das gesuchte Objekt im Uhrzeigersinn und begibt sich an verschiedene Positionen (1-8), je nach Notwendigkeit.
- Der Viewer betrachtet das gesuchte Objekt aus den verschiedenen Positionen und beschreibt seinen Eindruck.
- Der Monitor gibt Unterstützung und führt den Viewer an das Objekt heran bzw. in das Objekt hinein. Es erfolgt die Beschreibung der gewonnenen Eindrücke.
- Der Viewer zeichnet um sein Objekt herum, wie in der Graphik angedeutet, je nach seiner Position, verschiedene Felder in die er seine Eindrücke zum Objekt einträgt.
- Den Einzelpositionen entsprechend kann später eine zusätzliche, genaue Analyse der gewonnenen Daten, separat, vor genommen werden ■

Abbildung 2: Differenzierte Objektanalyse – kann zur Untersuchung von Objekten am Target und im Alltag verwendet werden. Darüber hinaus sind Veränderungen/Manipulationen im Umfeld derartiger Objekte möglich. Die Auswirkungen verhalten sich ähnlich wie beim Tool DPA.

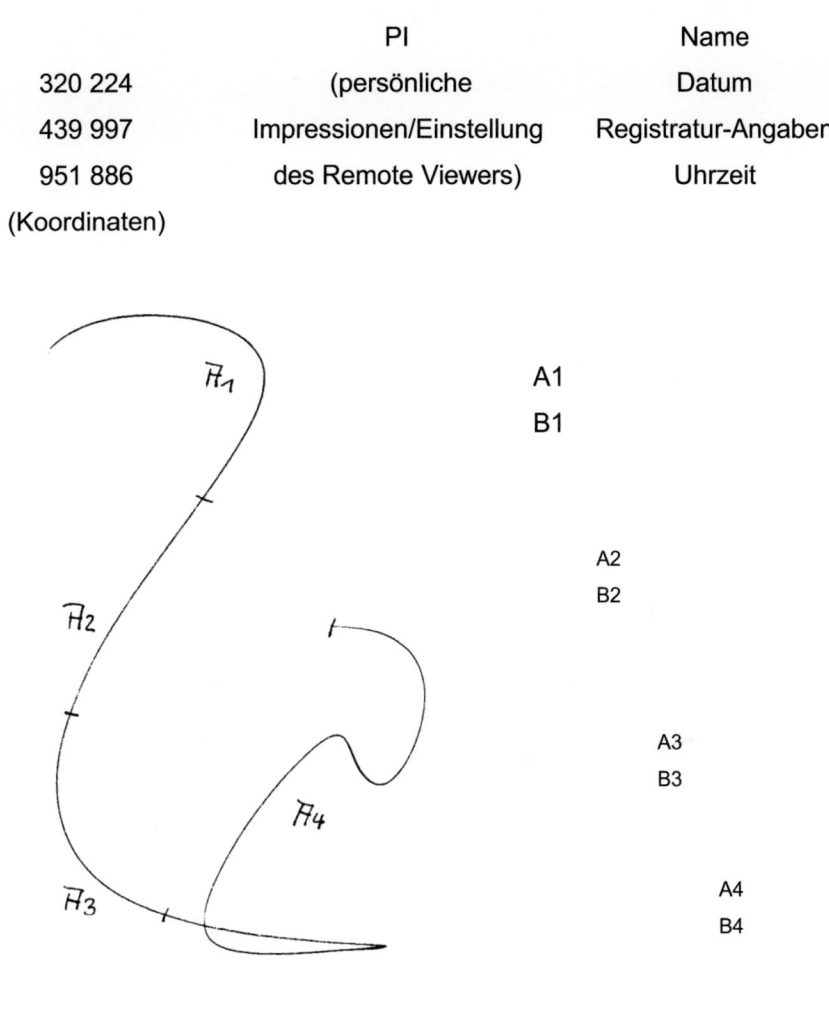

PI   Name
320 224   (persönliche   Datum
439 997   Impressionen/Einstellung   Registratur-Angaben
951 886   des Remote Viewers)   Uhrzeit
(Koordinaten)

$\overline{A}_1$

A1
B1

A2
B2

$\overline{A}_2$

A3
B3

$\overline{A}_4$

$\overline{A}_3$

A4
B4

AUL (bildhafte Assoziationen oder   AI (Ästhetische Impression)
              Erscheinungen)

Abbildung 3: Blattaufbau, Seite 1, einer Remote Viewing Session. In weiteren zwei Abbildungen sehen sie erweiterte Möglichkeiten eines spezifischeren Blattaufbaus. Nummerieren Sie die einzelnen Protokollseiten durch.

320 224	PI	Name
439 997	(persönliche	Datum
951 886	Impressionen/Einstellung	Registratur-Angaben
(Koordinaten)	des Remote Viewers)	Uhrzeit

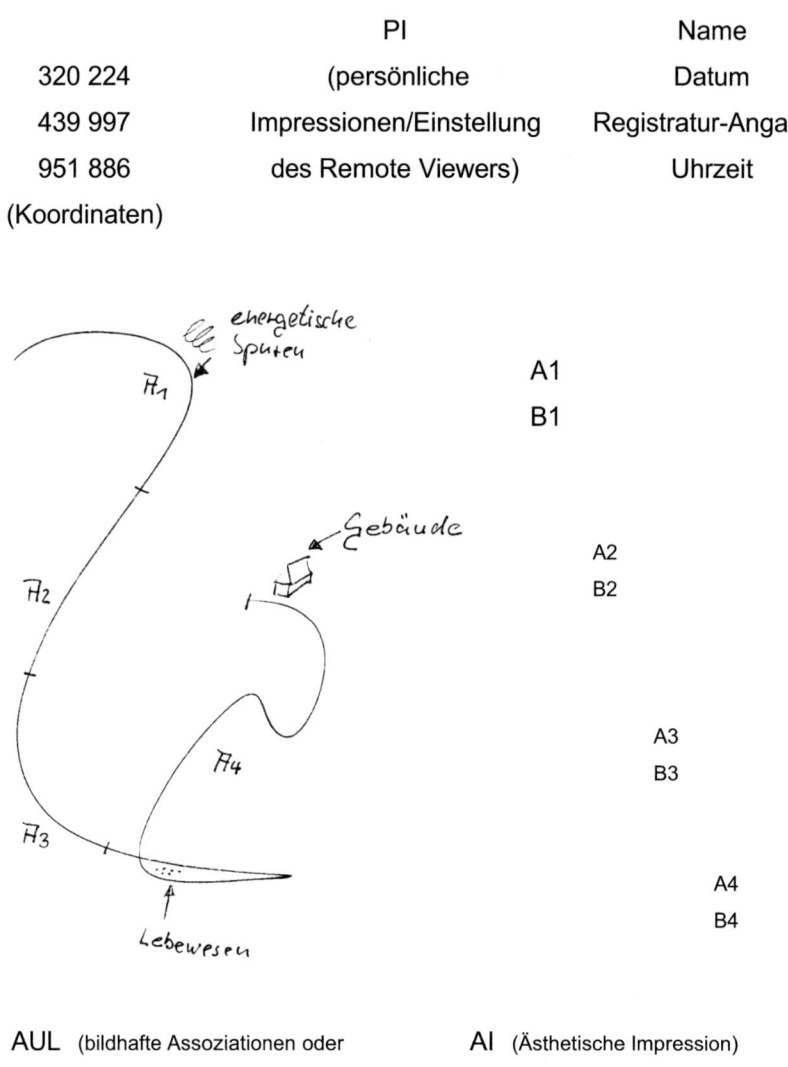

A1
B1

A2
B2

A3
B3

A4
B4

AUL (bildhafte Assoziationen oder Erscheinungen)   AI (Ästhetische Impression)

Abbildung 4: Hier sehen sie einen Blattaufbau mit ersten Skizzen. Beim Abfühlen ihres Ideogramms bekommen sie erste Eindrücke vom Target. Sie haben die Möglichkeit, diese Ideogrammpunkte mit einer Skizze zu versehen. Denken sie bitte an die Nummerierung der einzelnen Seiten.

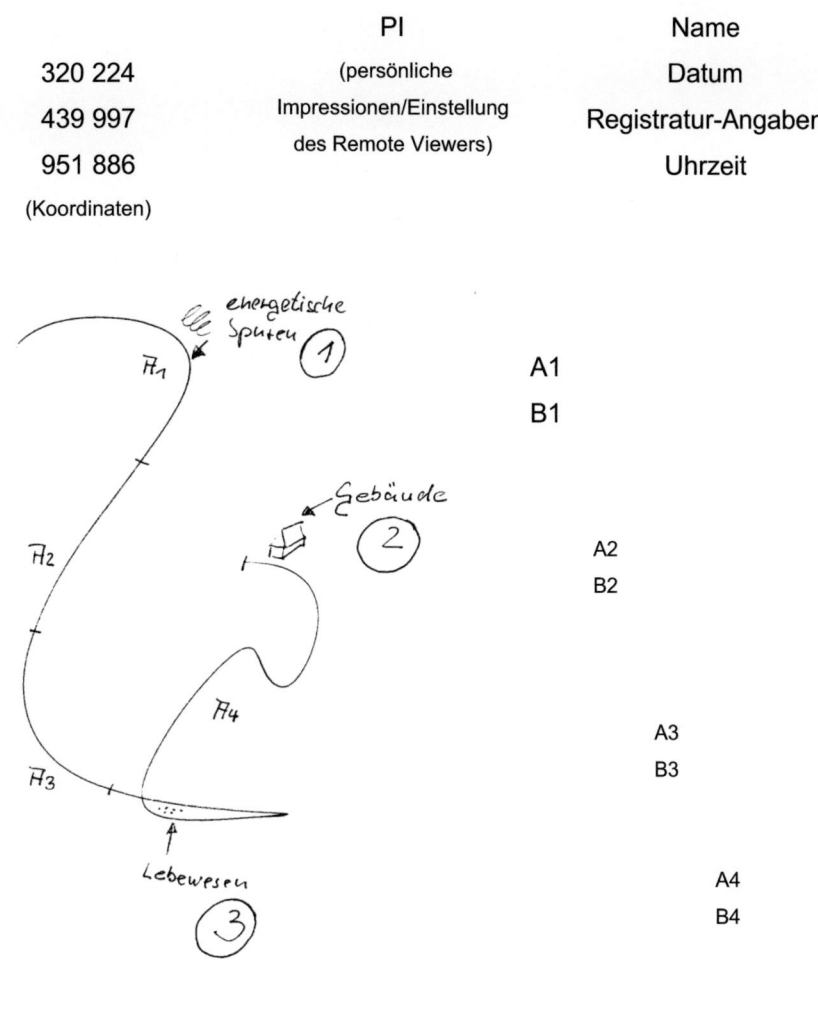

	PI	Name
320 224	(persönliche	Datum
439 997	Impressionen/Einstellung	Registratur-Angaben
951 886	des Remote Viewers)	Uhrzeit
(Koordinaten)		

energetische Spuren ①

ℋ₁

A1
B1

Gebäude ②

ℋ₂

A2
B2

ℋ₄

A3
B3

ℋ₃

Lebewesen ③

A4
B4

AUL (bildhafte Assoziationen oder Erscheinungen)

AI (Ästhetische Impression)

Abbildung 5: Der veränderte Blattaufbau mit Bezeichnungen 1-3 (in einem Kreis). Unter den Abschnitten A1-A4 wird unter Verwendung der Bezeichnungen 1-3, eine erste Beschreibung des aufgenommenen Eindrucks vorgenommen.

Seite xxx

-Stufe 2-

Farben: (Beschreibungen des Viewers, je nach gefordertem
Datensatz eintragen)

Oberflächen:

xxx

Gerüche:

xxx

Geschmack:

xxx

Temperaturen:

xxx

Geräusche:

xxx

Dimensionen:

xxx

Innen oder

Außeneindruck: xxx

AUL (bildhafte Assoziationen   AI (Ästhetische Impression)
oder Erscheinungen)

Abbildung 6: Tool sensorische Datenerfassung in der Stufe 2 des RV-Protokolls.

72

-Stufe 3-

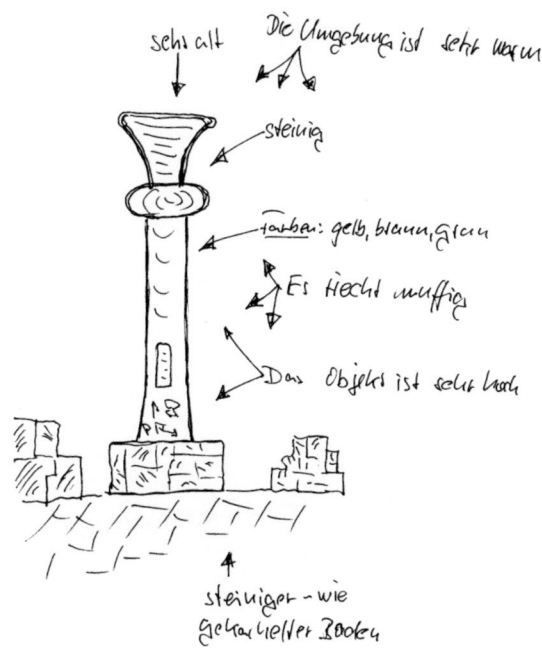

AUL (bildhafte Assoziationen oder

Erscheinungen)

AI (Ästhetische Impression)

<u>Abbildung 7:</u> Stufe 3 Skizze mit ersten Eintragungen zu generierten sensorischen Daten. (Entnommen aus einer Session zum Thema Karnak Tempel – Ägyptenreise Luxor Oktober 2004)

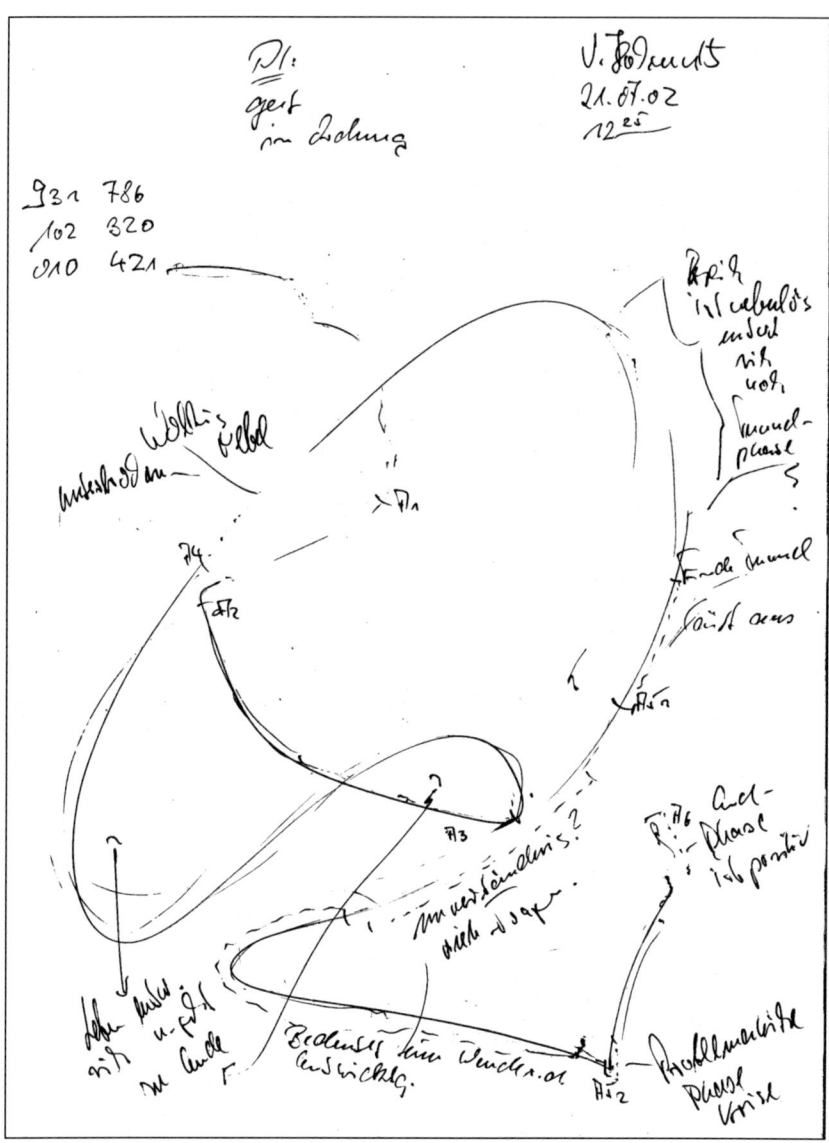

Abbildung 8: Hier sehen sie das erste Protokollblatt aus einer Session zum Thema Jenseits/ Reinkarnation. Da solch ein Thema verhältnismäßig schwierig zu bearbeiten ist, hat sich der Remote Viewer sehr vorsichtig an das Target heran getastet.

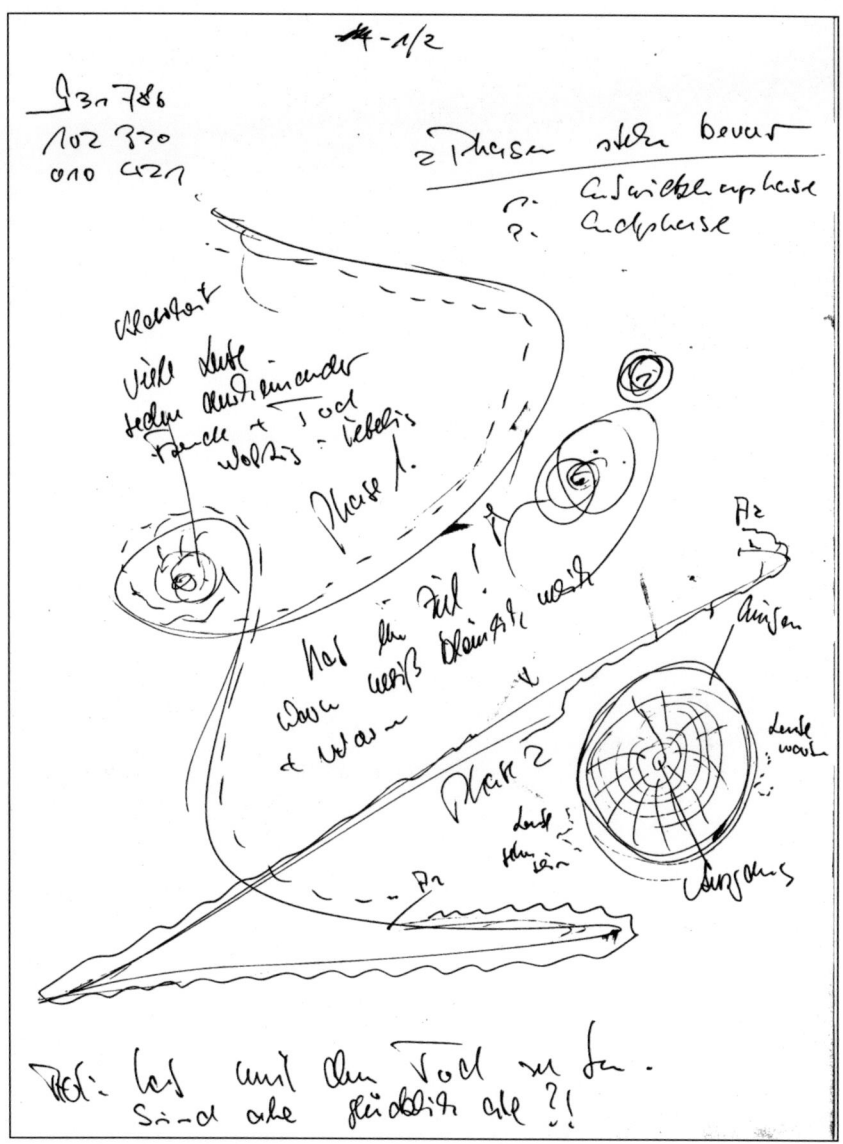

Abbildung 9: Das Blatt zwei des Targets Jenseits / Reinkarnation. Hier sehen sie bereits die erste Verknüpfung von Daten verschiedener RV-Stufen. Der Viewer hat sich bereits etwas weiter an das Target heran getastet.

PI	Name
(persönliche Impressionen/Einstellung des Remote Viewers)	Datum Registratur-Angaben Uhrzeit

Abbau der Erwartungshaltung

- Technologische Besonderheiten der europäischen Raumfahrt

- Ägypten – Pyramiden

- Ich denke an meinen Urlaub im letzten Jahr

AI: (Ästhetische Impression)

OK, ich bin entspannt. Ich fühle mich gut. Es ist alles in Ordnung. Ich bin entspannt.

Abbildung 10: RV-Tool Abbau der Erwartungshaltung. Es dient dazu, entstandene Ideen, Gedanken und Wünsche zum vermeintlichen Target abzubauen. Solche Erwartungshaltungen können entstehen, wenn der Remote Viewer zum Beispiel ständig an laufenden Projekten arbeitet und er deshalb der Meinung ist, ein ganz bestimmtes Target vor sich zu haben. Eine andere Möglichkeit wäre die Interessenlage des Viewers, die ihm selbst einen Streich spielt und sich in die Situation einschaltet. Um derartige Beeinflussungen zu vermeiden oder aber stark zu minimieren, verwenden wir das vorliegende RV Tool noch bevor wir mit der eigentlichen Arbeit beginnen. Dieses RV-Tool ist besonders empfehlenswert bei Solo - Sessions.

-Bewegungsübung-

➢ 10 Meter über dem Target sollte das wesentlichste sichtbar werden.

➢ Unmittelbar vor dem Target in 5 Meter Entfernung sollten die wesentlichsten Informationen sichtbar werden.

➢ Im Zentrum des Targets werden alle relevanten Daten für den Viewer gefahrlos sichtbar.

➢ Im Inneren des Targets werden alle relevanten Daten für den Viewer gefahrlos bereitgestellt.

➢ Das Zentrum des Targets wird für den Viewer sichtbar.

AUL   (bildhafte Assoziationen   AI   (Ästhetische Impression)
          oder Erscheinungen)

Abbildung 11: Tool Bewegungsübung. Dieses RV-Tool wird angewendet wenn sich der Remote Viewer zu nahe am Zielobjekt befindet. Das wird dazu führen, dass der Viewer Einzeleindrücke von dem Targetausschnitt beschreibt, den er sehen kann. Notwendigerweise kann der Viewer durch eine Bewegungsübung etwas weiter vom Zielobjekt weg geführt werden, um das gesamte Zielobjekt sehen zu können. Mögliche Formulierungen.

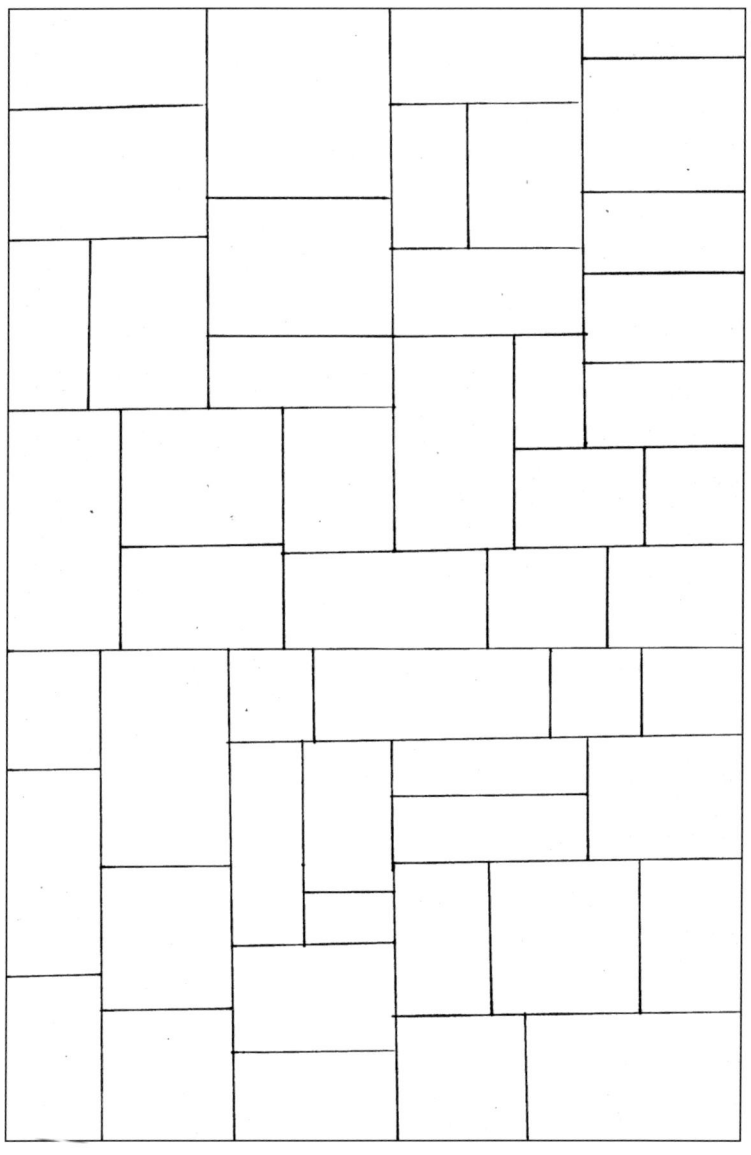

Abbildung 12: Vorlage zum Trainieren von reflexartigen Schreib-
bewegungen

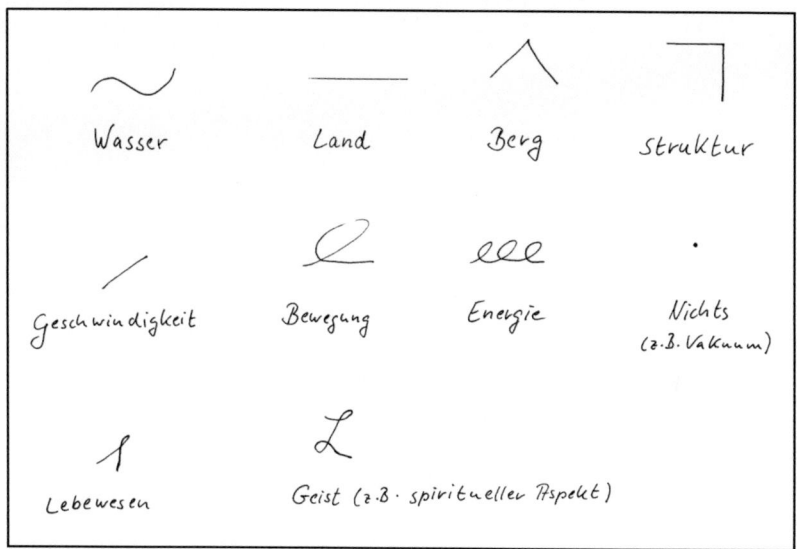

Abbildung 13: Verwendungsfähige Piktogramme. Diese Piktogramme können zum schnelleren Notieren der gewonnenen Eindrücke eingesetzt werden. Da die Zeiteinteilung einer Session in der Regel auf ca. 50 Minuten empfohlen wird, sind diese Piktogramme sehr schnell verfügbar und zeigen in Kürze den vom Remote Viewer gewonnenen Eindruck. Siehe Abbildung unten.

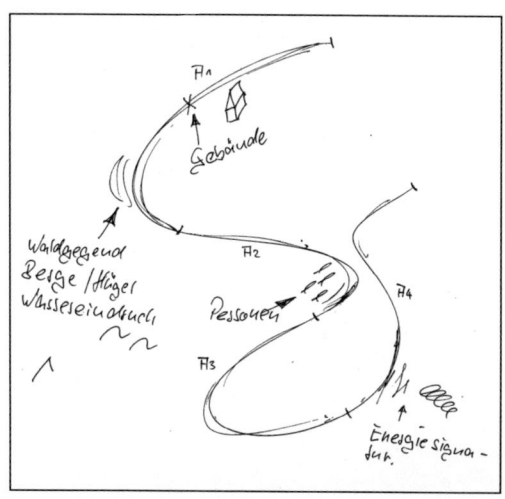

-differenzierte Objektanalyse-

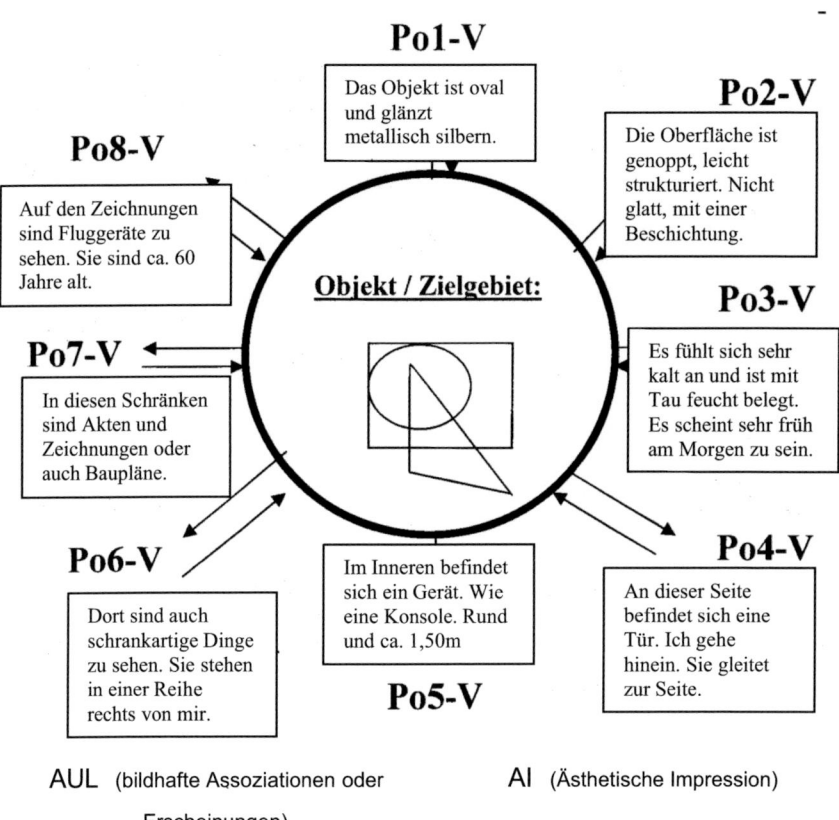

Po1-V

Das Objekt ist oval und glänzt metallisch silbern.

Po2-V

Die Oberfläche ist genoppt, leicht strukturiert. Nicht glatt, mit einer Beschichtung.

Po8-V

Auf den Zeichnungen sind Fluggeräte zu sehen. Sie sind ca. 60 Jahre alt.

Objekt / Zielgebiet:

Po3-V

Es fühlt sich sehr kalt an und ist mit Tau feucht belegt. Es scheint sehr früh am Morgen zu sein.

Po7-V

In diesen Schränken sind Akten und Zeichnungen oder auch Baupläne.

Po6-V

Dort sind auch schrankartige Dinge zu sehen. Sie stehen in einer Reihe rechts von mir.

Im Inneren befindet sich ein Gerät. Wie eine Konsole. Rund und ca. 1,50m

Po5-V

Po4-V

An dieser Seite befindet sich eine Tür. Ich gehe hinein. Sie gleitet zur Seite.

AUL (bildhafte Assoziationen oder Erscheinungen)

AI (Ästhetische Impression)

Abbildung 14: praktischer Einsatz des Tools DOA. Unter der Positionsbezeichnung Po1-V bis 8 werden die gewonnenen Eindrücke zur entsprechenden Position des Viewers am Zielobjekt beschrieben. Zusätzlich kann hierbei eine Bewegungsübung eingesetzt werden, um die nötige Position am Zielobjekt einnehmen zu können. Siehe Beispiel.

Seite xxx

-differenzierte Personenanalyse-

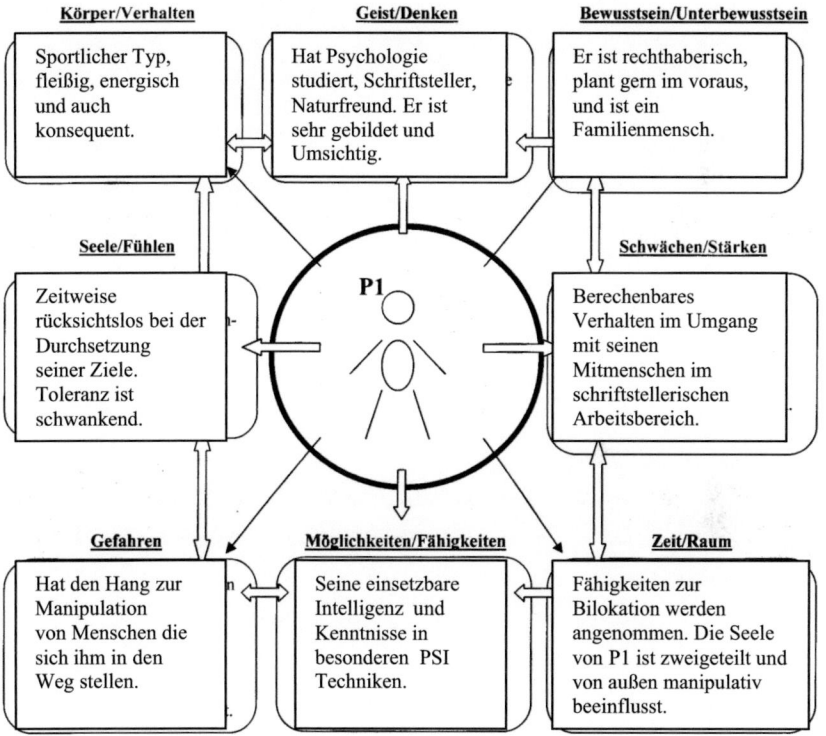

Körper/Verhalten	Geist/Denken	Bewusstsein/Unterbewusstsein
Sportlicher Typ, fleißig, energisch und auch konsequent.	Hat Psychologie studiert, Schriftsteller, Naturfreund. Er ist sehr gebildet und Umsichtig.	Er ist rechthaberisch, plant gern im voraus, und ist ein Familienmensch.

Seele/Fühlen		Schwächen/Stärken
Zeitweise rücksichtslos bei der Durchsetzung seiner Ziele. Toleranz ist schwankend.	P1	Berechenbares Verhalten im Umgang mit seinen Mitmenschen im schriftstellerischen Arbeitsbereich.

Gefahren	Möglichkeiten/Fähigkeiten	Zeit/Raum
Hat den Hang zur Manipulation von Menschen die sich ihm in den Weg stellen.	Seine einsetzbare Intelligenz und Kenntnisse in besonderen PSI Techniken.	Fähigkeiten zur Bilokation werden angenommen. Die Seele von P1 ist zweigeteilt und von außen manipulativ beeinflusst.

AUL (bildhafte Assoziationen oder Erscheinungen)   AI (Ästhetische Impression)

<u>Abbildung 15:</u> praktischer Einsatz des Tools RVSH-DPA. Unter den einzelnen Aspekten wie unter anderem Körper/Verhalten, Geist/Denken, Bewusstsein/Unterbewusstsein, werden die gewonnenen Eindrücke separat notiert und der weiteren Verwendung zur Verfügung gestellt. (Siehe Beispiel in der Abbildung.)

81

-Anwendungsmöglichkeit - DPA- Remote Influencing-

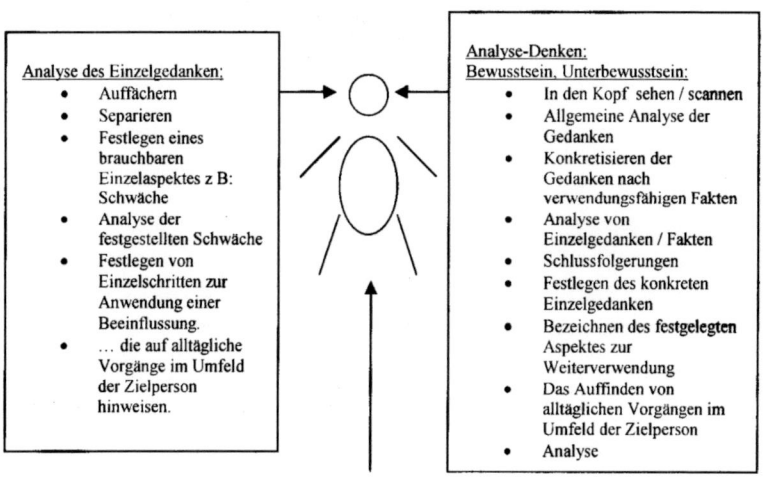

Analyse des Einzelgedanken;
- Auffächern
- Separieren
- Festlegen eines brauchbaren Einzelaspektes z B: Schwäche
- Analyse der festgestellten Schwäche
- Festlegen von Einzelschritten zur Anwendung einer Beeinflussung.
- ... die auf alltägliche Vorgänge im Umfeld der Zielperson hinweisen.

Analyse-Denken:
Bewusstsein, Unterbewusstsein:
- In den Kopf sehen / scannen
- Allgemeine Analyse der Gedanken
- Konkretisieren der Gedanken nach verwendungsfähigen Fakten
- Analyse von Einzelgedanken / Fakten
- Schlussfolgerungen
- Festlegen des konkreten Einzelgedanken
- Bezeichnen des festgelegten Aspektes zur Weiterverwendung
- Das Auffinden von alltäglichen Vorgängen im Umfeld der Zielperson
- Analyse

Zielstellung dieser Verfahrensweise ist:

➢ einen verwertbaren persönlichen Aspekt zu finden der zur Personen - Manipulation geeignet ist.
➢ Mit Hilfe des analysierten Aspektes, z. B. der konkreten Schwäche, eine Manipulation der Zielperson vorzunehmen.
➢ Es stehen hierfür zwei Wege zur Verfügung:
   - Manipulation der Zielperson auf direktem Weg
   - Manipulation von geeigneten Personen im Umfeld der Zielperson die wiederum in Wechselwirkung auf die Zielperson selbst steht und eine Manipulation begünstigen kann oder selbst ausführt.
➢ Manipulation von alltäglichen Abläufen im Umfeld der Zielperson .
➢ Durch eine derartige Manipulation von sehr konkret analysierten Fakten aus dem persönlichen Alltagsleben der Zielperson wird durch die Beeinflussung dieses separaten Einzelaspektes eine indirekte, sehr wirksame Manipulation der Zielperson vorgenommen. Der separate Einzelaspekt selbst übt durch seine Manipulierte Natur auf die Lebensumstände der Zielperson wiederum direkt ein und erzielt gewissermaßen sukzessiv auf Umwegen eine gewollte Wirkung. Das Verhalten der Zielperson wird sich in einigen gezielt manipulierten Lebensbereichen merklich verändern und auch auf den Lebenspartner, auf seine berufliche Tätigkeit und dergleichen, einwirken, ohne das er selbst es bemerkt. Wenn er es dennoch selbst bemerken sollte, dann steht die Ursache der Persönlichkeitsveränderung für die Zielperson auf Dauer nicht zur Verfügung.

Abbildung 16: In dieser Abbildung stelle ich ihnen eine Zusammen-fassung zur Zielstellung dieser Verfahrensweise zur Verfügung.

-Stufe 3 Raster/Skizze-

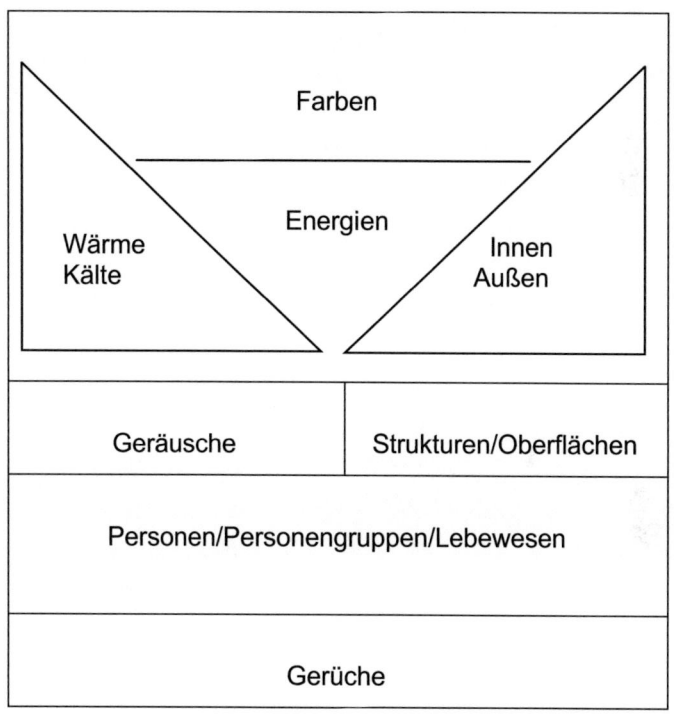

AUL (bildhafte Assoziationen oder Erscheinungen)   AI (Ästhetische Impression)

Abbildung 17: Stufe 3 Raster. In derartige Raster können die sensorischen Daten der Stufe 2 und weitere zusätzliche Informationen eingetragen werden, wenn eine direkte Skizze zum Target in dieser Protokollstufe noch nicht möglich ist oder der Trainee keine entsprechenden Talente aufweist. Alternativ zur Stufe 3 Skizze.

320 224

439 997

951 886

(Koordinaten)

Seite xxx

-alternativ Tool S 1/3-

Eindrücke	Sichtbares	Unsichtb.	Farben	Oberfl.	Geräusch	Temp.
Personen am Target	Emotionen wie Ärger, nachdenken	schwarz gelb grün	keine		husten, räuspern Gerede Unterhaltg.	sehr warm
Zweckmäßige Strukturen Formen am Target	Emotionen Gefühle von Einsamkeit	blau silbern	glatt		brummen	kalt warm
Geometrische Form am Target	Energetisches Gefühl von Schwingung	keine	steinig Rau		zischen, feines piepsen	Oberfläche Struktur, kalt

AUL (bildhafte Assoziationen oder Erscheinungen)

AI (Ästhetische Impression)

Abbildung 18: RVSH-ATS1/3. Alternativ Tool S 1/3, basierend auf ERV (Extendet Remote Viewing; ausgedehntes, erweitertes Remote Viewing). Die Grundlage für deren Anwendung sind Kenntnisse zur Methode CRV und RVSH spezifische Informationen. Es ist alternativ zur Stufe 1-3 einsetzbar oder parallel dazu unter Berücksichtigung des Faktors Zeit einer Session.

84

Seite xxx

-persönliche Schutzmechanismen

Energie Ballon-

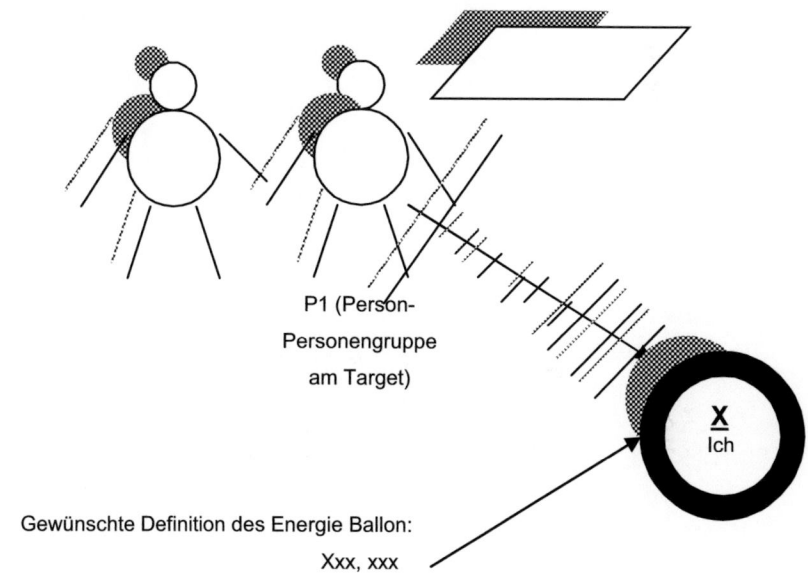

P1 (Person-
Personengruppe
am Target)

X
Ich

Gewünschte Definition des Energie Ballon:

Xxx, xxx

AUL (bildhafte Assoziationen oder

Erscheinungen)

AI (Ästhetische Impression)

Abbildung 19: RVSH-PSM. Die hier dargestellte Methode ist nur ein Einzelaspekt zu diesem RV-Tool und stellt die einfache Variante Energie Ballon dar. Bei der Methode Hemisync – Hemisphärensynchronisation, wird der Energie Ballon ebenfalls in ähnlicher Form als Schutzmechanismus eingesetzt

Bekanntmachung des Autors

In diesem Buch habe ich ausschließlich darauf geachtet, dass die Rechte anderer Autoren und Personen, die entsprechende Literatur veröffentlicht haben, gewahrt bleiben.

Für alle in dieser Broschüre verarbeiteten Daten, Fakten und Informationen bin ausschließlich ich selbst verantwortlich.

Alle Informationen, die in dieser Broschüre verarbeitet wurden, sind frei von mir erfunden und basieren auf eigenen Forschungen, beziehungsweise wurden von mir spezifisch verarbeitet.

Eventuelle Ähnlichkeiten mit bereits bestehenden Informationen, Daten, Fakten und Personen sind unbeabsichtigt und rein zufällig.

„Darüber hinaus distanziere ich mich von allen staats- und menschenfeindlichen Machenschaften, welcher Art und Weise sie auch sein mögen. Das bezieht sich auf jedes Land dieser Erde. Jeder Mensch, jedes Individuum, alles was auf diesem Planeten existiert hat für mich eine Existenzberechtigung und ist zu respektieren. Alle Aktivitäten, die dieses Prinzip verletzen, verurteile ich auf das schärfste!"

Volker Hochmuth, 2005-05-16

Danksagung / Informationen / Projekte

Auf diesem Weg möchte ich mich vor allem bei meiner Frau Karin und bei Stefan Eggers für die Unterstützung bedanken. Darüber hinaus danke ich allen Freunden und Bekannten die mir bei meiner Arbeit als Remote Viewer und Autor geholfen haben und oftmals sehr viel Geduld im Umgang mit mir aufbringen mussten.

Bei der Durchführung der kommenden Buchprojekte erhoffe ich mir ebenfalls solch eine Unterstützung.

Die zur Zeit in Arbeit befindlichen Buchprojekte sind:

- Band 2 „Mit Bleistift und Papier…"
- Band 2-4 der Broschüre: Remote Viewing für Einsteiger.
- Zahlreiche Artikel zu verschiedenen RV-Projekten wie unter anderem zum Thema: Mind Control, Bewusstseins- und Gedankenkontrolle, sowie Ägypten.
-

Anfragen und Vorbestellungen sind beim Verlag möglich:

Web: http://verlag.remoteviewing-online.de; http://www.remoteviewing-online.de; http://www.volkerhochmuth.de
Mail: volker@volkerhochmuth.de
Mobil: 0173 6079852 (täglich in der Zeit von 9.00 – 19.00 Uhr)

Verlage, Buchhändler und auch Privatpersonen, die einen größeren Posten, ab 10 Exemplare kaufen, erhalten bis zu 40% Rabatt vom Verlag. ■

RVSH

Remote Viewing Service
Hamburg & Verlag

- **Vorträge zur Theorie Remote Viewing:**

- Als 2-3 Stunden Vortrag oder auch als Gruppenseminar am Wochenende über 2 Tage mit bis zu 30 Personen!

- **Projekt-Vorträge:**

- Jonastal / Thüringen-Geheimnisse im Untergrund
- Das Jenseits/Reinkarnationstheorie
- Das Geheimnis Mondrückseite
- Mind Control/Bewusstseins- und Gedankenkontrolle
- Remote Viewing - das alte Ägypten und die Pyramiden

- weitere Projekte auf Anfrage!

Die Preise sind Verhandlungssache

Mail: volker@volkerhochmuth.de
Mobil: 0173 6079852

„Mit Bleistift und Papier - Remote Viewing in der Praxis - Phantastische Abenteuer mit Remote Viewing"

„Mit Bleistift und Papier - Remote Viewing in der Praxis - Phantastische Abenteuer mit Remote Viewing"

ISBN: 3-8311-4946-1

Abbildungsverzeichnis:

Verwendung zur Verfügung gestellt. (Siehe Beispiel in der Abbildung.) 81

Trainingstargets

RVSH stellt Ihnen einige Trainingstargets bereit, mit denen sie die ersten Schritte in eigener Regie unternehmen können. Bei ihrem ersten Soloversuch (eine Session ohne Monitor) empfehle ich ihnen, einige der hier bereitgestellten Target - Bilder zu verwenden, weil sie von mir selbst aufgenommen und mit den Koordinaten versehen wurden.

Zum einen hat das den Vorteil, dass eventuell übergelagerte Informationen kontrollierbar sind und zum anderen besteht immer die Möglichkeit über meine Webseite Fragen zum Trainingstarget an mich zu stellen. Sie minimieren somit die Gefahr, dass sie selbst ohne ein ausführliches Feedback zum Trainingstarget auskommen müssen und bekommen von mir alle nötigen Informationen zum Target. Sollten während der Trainigssession Details aus der Situation aufkommen in der ich das Bild angefertigt habe, so bin ich in der Lage dem Leser eine entsprechende Erklärung zu geben und helfe ihnen auf diese Weise die Session auszuwerten. Da sie die Details aus der Aufnahmesituation nicht kennen können, ergibt sich hieraus ein ganz entscheidender Vorteil für den Trainierenden. Wir können gemeinsam herausfinden, welche Fehler eventuell gemacht wurden und sind dann auch in der Lage, entsprechende Schlussfolgerungen für ihre weitere Arbeit zu ziehen. In persönlichen Gesprächen, während einer möglichen Ausbildung oder andere geeignete Maßnahmen kann dann geklärt werden, wie in einer Ausbildung zum Remote Viewer / Monitor verfahren werden kann.

Kontakt:
- ➢ volker@volkerhochmuth.de
- ➢ 0173 6079852 (täglich von 9.00 – 19.00 Uhr)

Target 1

„Leuchtturm an der Elbe zum Zeitpunkt der Aufnahme"
334 679 997 915 126 834

Target 2

„Sonnenaufgang an der Müritz zum Zeitpunkt der
Aufnahme"
134 790 156 995 126 994

„Die Cheopspyramide zum Zeitpunkt der Aufnahme"
346 857 995 219 014 235

Target 4

„Ein Containerschiff auf der Elbe zum Zeitpunkt der Aufnahme"
349 671 820 128 546 993

Notizen

Notizen